動線と収納がゆとりを生み出す

理想の暮らしをかなえる 50代からのリフォーム

水越美枝子

大和書房

PROLOGUE

20年前、ある会社から「近くの大きな団地で、定年後のリフォームを考えはじめている方がたくさんいるのですが、設計のノウハウを提供していただけないでしょうか」という依頼がありました。

それまでのリフォームは、浴室やトイレをやり替えるようなものがほとんどでした。しかしその頃から、設備を交換するだけでなく、リタイア後の生活のために間取りにも手を加えたいという要望が増え始めてきたのです。

実際にそんな方達の住まいへの要望や不満に耳を傾けてみると、家の中の動線（間取り）のまずさが、住まいづらく効率の悪い動きをしなければならない原因になっていて、暮らしに無駄を強いていることがわかりました。

もともと3LDK、4LDKとして売り出された家は、部屋数を確保するために水周りや収納にしわ寄せが行き、どうしても散らかりやすく不便な住まいになりがちです。新築と違って様々な制限のあるなかで、それらを解決しながらどこまで住みやすく快適な家に変えられるか、住む人の理想に近づけることができるかを考えるのは、難しいけれどとてもやりがいのある仕事でした。

リフォームでは、構造や既存の排水や配管のルートを考慮しながら、水周りの移動がどこまで可能かを考え、前とは全く違ったプランを提案することもあります。工事が進み、家が変わっていくのを見て皆さんは「この家がこんなふうに変わるなんて！」と驚かれます。

リフォームによって動線が改善され、美しく住みやすい家になると、住む人自身も変わっていきます。やりたいことに向かい合う余裕や気力が出てきたり、いつでも人を呼べるようになって、暮らしを楽しめるようになるからです。暖かい家になって家事や片づけに追われることがなくなり、長年のストレスからも解放され、どなたも生き生きと、快活になってくるように思えます。

もうひとつ、リフォームのよい点は、長年親しんできた場所で周囲との繋がりを変えずに、もう一度住まいをよみがえらせて暮らしていけることです。人生は90年時代。60歳を過ぎてリフォームをしたとしても、人生の3分の1を変えることが可能です。これまで家族優先で考えてきた人も、これからは自分を大事にする住まいを考えるのにちょうどよい時期かもしれません。

工事が終わり、住まいを引き渡した後、スタッフの皆と「価値のあるリフォームになった」と話すことがよくあります。限られた予算の中でも確実に暮らしが快適になるリフォームを、私たちは「価値のあるリフォーム」と呼んでいます。

この本を、あなたのリフォームを価値のあるものにするために役立てていただければ幸いです。リフォームで、皆さんのこれからの人生がより豊かになりますようにと心から願っています。

CONTENTS

シニアリフォームの実例

Renovation 10

リフォームの問題を解決する

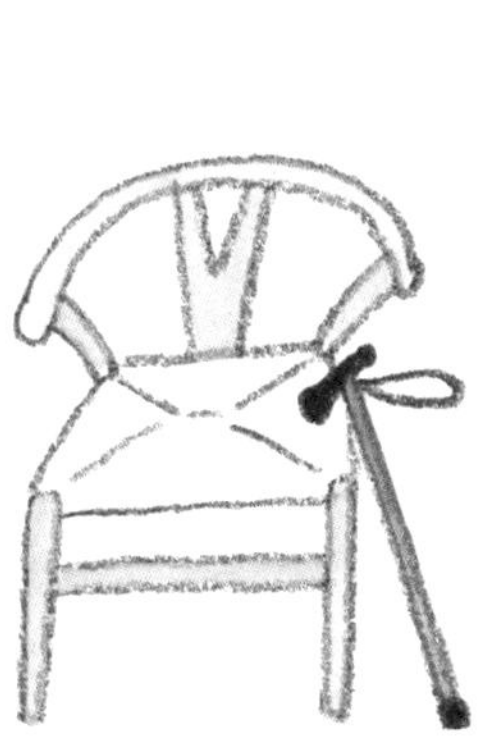

“いま”の暮らしに合わせて部屋の使い方を見直す

家族は変化するものです。子どもが自立して出て行ったり、仕事でいつも家にいなかった人がずっといるようになったり、老親と同居するようになったり、家族を見送ってひとりになったり。

仕事が生活の中心だった時代や、子育てに追われていた時代に暮らしやすかった家が、今でも暮らしやすい家とは限りません。「仕事を辞めて家にいるようになったら、自分の居場所がなかった」という人もいます。「夫婦で一緒に過ごす時間が長くなって、少し窮屈に感じる」という人もいます。家も、家族構成やライフスタイルの変化に合わせて変わっていくべきです。

大切なのは、今です。ようやく仕事や子育てに追われる日々が終わり、自分の時間を楽しんだり大切にできるときがやってきたのです。ぜひ、今のあなたの生活の流れに沿った間取りを考えてみてください。

空いた子ども部屋を、別の用途に生かすだけで、暮らしは変わります。

階段の上り下りを少なくすることで、生活しやすくなり、体への負担も軽くなります。

リフォームによって不便が解消され、毎日の暮らしが快適になれば、気持ちが明るくなったり、今までよりも趣味や勉強に没頭できるようになるでしょう。

リフォームとは、人生を豊かにするための手段です。

 （小竹邸）

老後まで安全に、快適に過ごせる住まいにする

家で過ごす時間が長くなると、室内の環境が非常に重要になります。寒さや暑さ、薄暗さ、騒音などによる居心地の悪さを我慢していると、ストレスを抱えたまま暮らすことになったり、体調を崩したりすることになりかねません。

リフォームで寒さや暑さを改善できると、日中は家の中でのびのびと動けるようになり、夜は熟睡できるようになります。

昼間も電気をつけないと生活できなかったのが、一日中光が入る家で過ごせるようになると、気持ちが明るくなります。

騒音に悩まされて落ち着かなかったのが、リフォームで遮音ができるとストレスがなくなります。「居心地が悪いので、なるべく外出するようにしていた」という人が、リフォームしたら、「家で過ごす時間が一番楽しくなった」と言います。「家に人を呼べるようになったので、自分が出ていかなくてよくなり、ラクになった」と言う人もいます。

リフォームをする際には、今のことだけでなく、10年後、20年後の生活を想像してみる必要があります。将来もしかして介護が必要になったときに、介護される人にも介護する人にもやさしいつくりにしておけば、安心して暮らすことができます。

（浦崎邸）

家事効率をアップさせ、自然と片づくしくみをつくる

合理的な間取りと動線計画によって、暮らしは大きく変わります。

毎日の家事で感じる不便さを、「大したことではない」と思っているかもしれませんが、小さな時間の無駄でも、積み重なると長い時間の無駄になります。片づかない家の中を眺めながら、「片づけなくちゃ」といつも思って暮らすのが、大きなストレスになっている方もいます。

そういう方も、リフォームでねじれた動線を修正したり、動線に合った場所に必要な収納をつくることで、家事にかける時間と労力を大幅に減らすことができます。

新しくなった家に住んでみて、「今までいかに暮らしづらい家で我慢していたか、気がついた」と言う方は少なくありません。

家事がしやすい家になると、時間に余裕が生まれたり、今までただ「こなす」だけだった家事を、楽しめるようになるかもしれません。それまであまり家事に関心がなかった家族も、協力してくれるようになるでしょう。片づけに追われなくなると、ストレスから解放されるだけでなく、時間や気持ちに余裕ができて、やりたいことに落ち着いて向かい合えるようになります。

自分の家に満足することで、人柄まで変わることもあります。不思議なことですが、自信にあふれた人になり、素敵になっていくのです。

 (宮内邸)

楽しく充実した暮らしを住まいでサポートする

せっかくリフォームをするなら、単に「暮らしが快適になった」だけでなく、「楽しくなった」「豊かになった」と思えるようにしたいものです。

仕事をリタイアすると、時間ができて、お客様を呼びたいと思うことも多いでしょう。また、子どもたちが結婚相手を連れて来たり、孫を連れて遊びにくるようになったりもします。いつでも人を呼べる家にしておくと、ストレスがなく、友人や家族との時間をゆっくりと楽しむことができます。

せっかく素晴らしい美術品や、思い出の品などがあっても、置き場所がなかったり、物が多すぎて映えないから段ボールに入れたまま、という人がいます。リフォームで収納を充実させ、あふれていた雑多な物がスッキリと収まると、飾ることも楽しめるようになります。素敵な家具も、さらに魅力的に見えるようになります。部屋にいてふと顔を上げると、庭の緑や室内の観葉植物《グリーン》が目に入ってくる毎日は、心を穏やかにしてくれます。

好きなものだけが目に入る暮らしは、幸せなものです。リフォームによって、上質な住まい方ができるようになります。

ぜひ、人生で大切にしたいことをかなえる住まいにしてください。

シニアリフォームの実例

Renovation_1

家事を快適にする

「食事の支度や後片づけ、洗濯、掃除でへとへとになってしまう」という人は、家に原因があるのかもしれません。無駄に長い動線や複雑なレイアウトのせいで、効率が悪くなっていませんか？　リフォームで、家事の負担はぐんと軽くできます。毎日の家事が効率よくなると、時間に余裕が生まれます。

（小宮邸）

（岡田邸）

洗濯を快適に

洗う→乾かす→しまうの動線を短く

洗濯は、洗う、乾かす、たたむ、しまうなどの工程ごとに、あちこちに場所を移動しながら行う家事です。それぞれの動線を近づけることで、移動が少なくなり、ラクにすることができます。室内で洗濯物を乾かすしくみをつくると、雨の日でも夜でも気にせず洗濯ができて、快適になります。

料理を快適に

キッチンをコックピット化する

食材を出す、洗う、切る、調理する、配膳する、調理する、ゴミをまとめる………。キッチンが、この一連の作業の流れに沿ったレイアウトになっていること、足を動かさず手を伸ばすだけで使いたいものに手が届く配置になっていることが、時間短縮につながります。

（船戸邸）

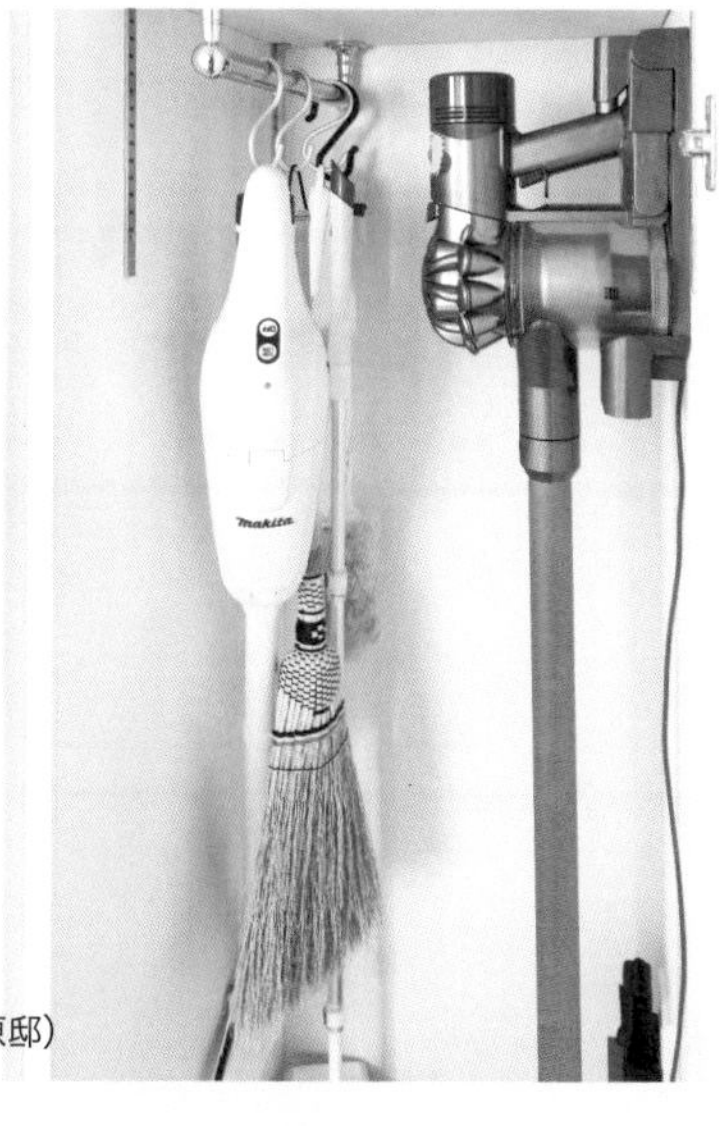

（立原邸）

掃除を快適に

おっくうにならないしくみをつくる

掃除が面倒な理由……それは、掃除道具の出し入れがしにくいこと、掃除機が動かしにくいこと。掃除機を、すぐ手に取れるように収納したり、すいすい動く充電式の物や軽いものに変えることで、掃除を負担に感じることが減り、いつも部屋をきれいに保つことができます。

洗濯を快適に

「洗う→しまう」が**1カ所で完結できる**と快適に

濡れた洗濯物の入った重いカゴを、庭や2階のベランダまで持って行くのはひと苦労。さらに、乾いた洗濯物を取りにいき、リビングでたたんで、クローゼットまで運ぶ……。これらの作業を1カ所で完結できたら、毎日の「洗濯疲れ」はなくなるでしょう。洗面室を広くして、室内物干しや衣類をたためるような広さのカウンター、クローゼットを設けることで、洗濯の工程を全てここで終えられます。

浦崎邸

BEFORE 1階

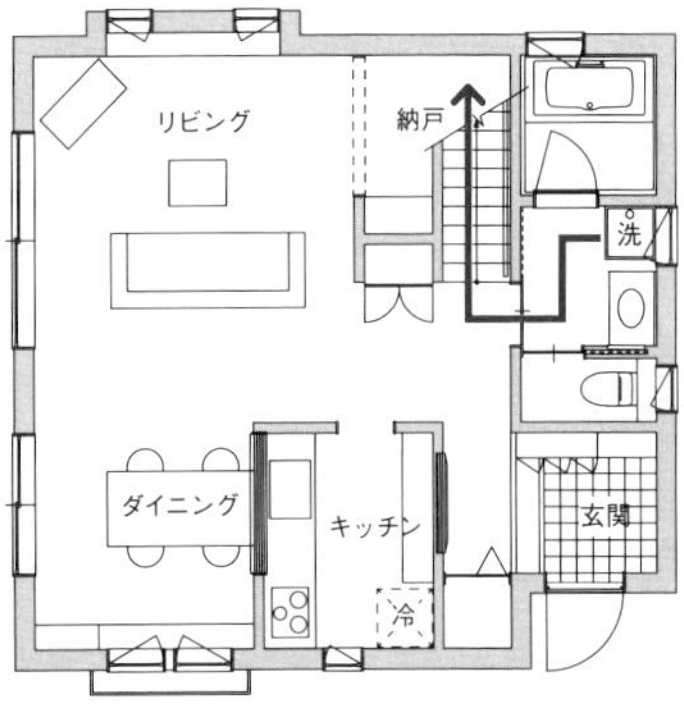

干し場は2階のベランダだが、洗濯機は1階の洗面室にあり、階段の昇り降りが必要だった。

↓

AFTER 2階

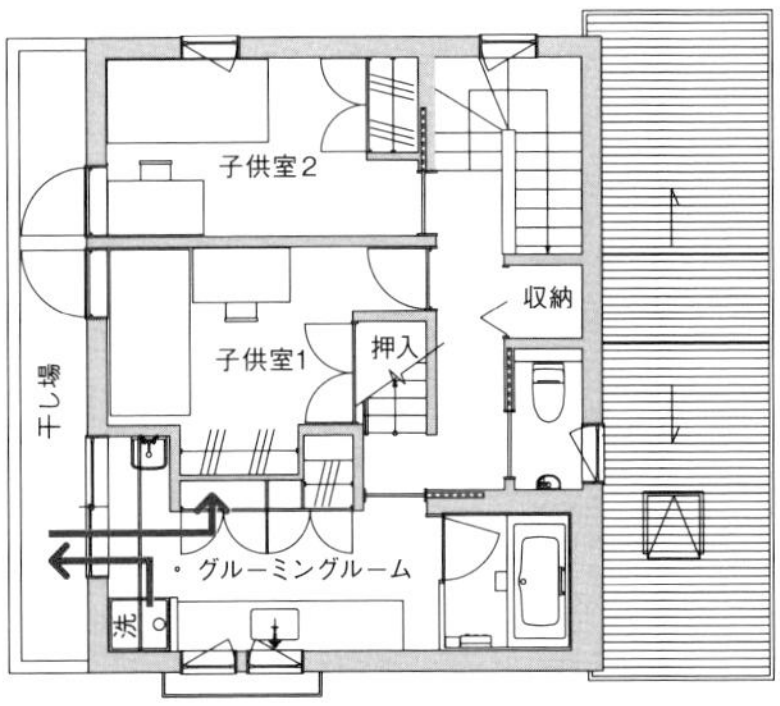

2階に広い洗面室を設けて、クローゼットなども設置。洗濯→乾かす→しまうが1カ所で完結。

日当たりのいい2階に設けた洗面室兼洗濯室。乾いた洗濯物は、右側のクローゼットにすぐしまえる。

田辺邸

BEFORE

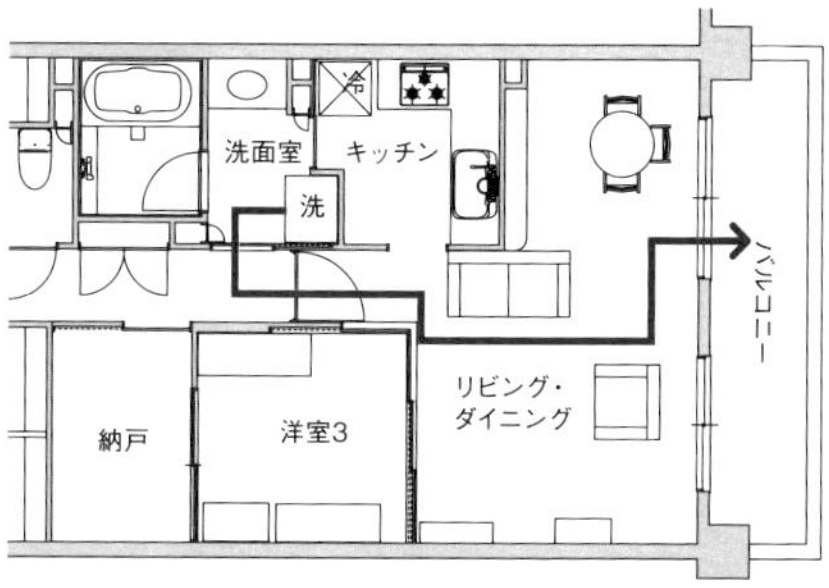

洗面室に洗濯機があったので、リビングを通ってバルコニーまで洗濯物を運んでいた。

↓

AFTER

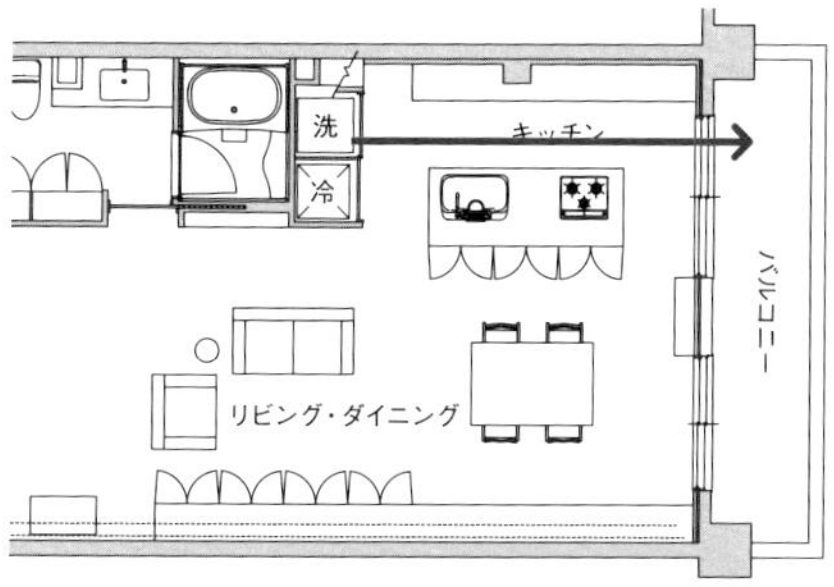

洗濯機をキッチンに設置。リビングを通る必要もなく、バルコニーまでの動線が短くなった。

洗濯機を**干し場に近づける**と家事がはかどる

「洗濯機は洗面室にあるのがベスト」とは限りません。洗濯機から干し場までの距離が長い場合は、別の場所に洗濯機を置くことも検討を。たとえばキッチンは、配管などの条件が整っているので、洗濯機を置きやすい場所。もし干し場に近いなら、キッチンに洗濯機を置くのもおすすめです。ハンガー類を収納できる場所や、洗濯物を一時かけできるポールも設置すると便利です。

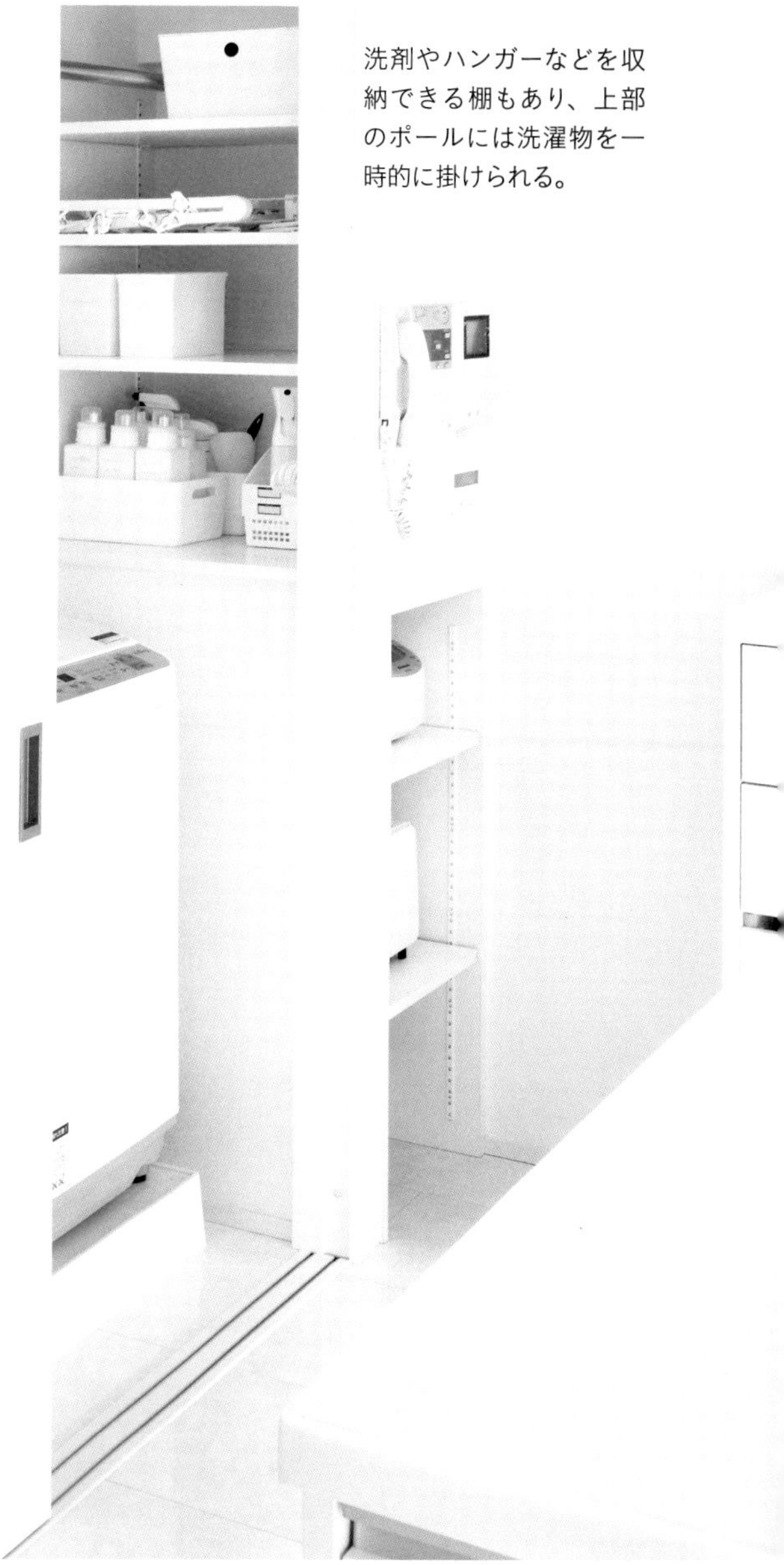

洗剤やハンガーなどを収納できる棚もあり、上部のポールには洗濯物を一時的に掛けられる。

洗濯室を分けると洗面室がスッキリする

日当たりがいいので、洗濯物がよく乾く。手前には掃除道具も収納できる。

立原邸

BEFORE

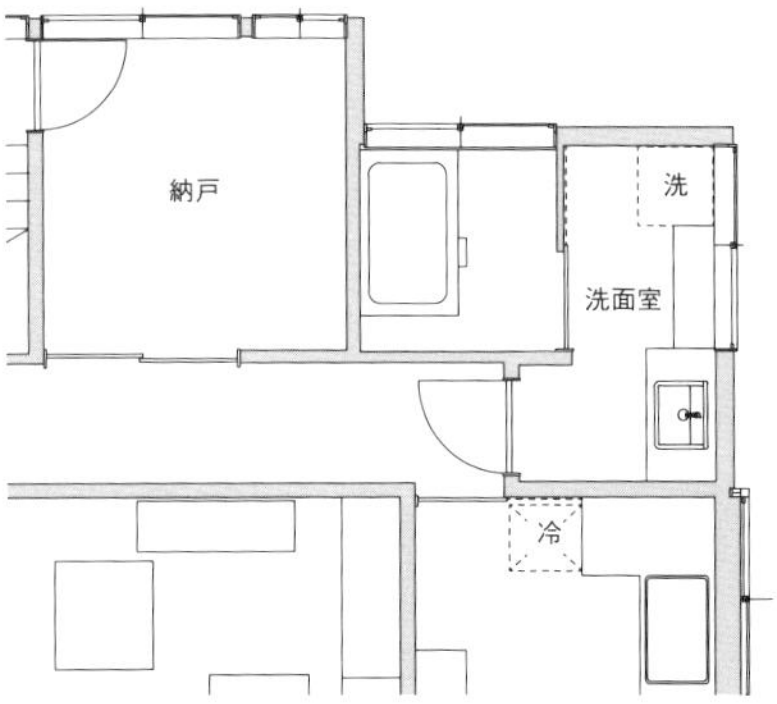

洗面室の中に洗濯機があったので、ゴチャゴチャして使いづらかった。

↓

AFTER

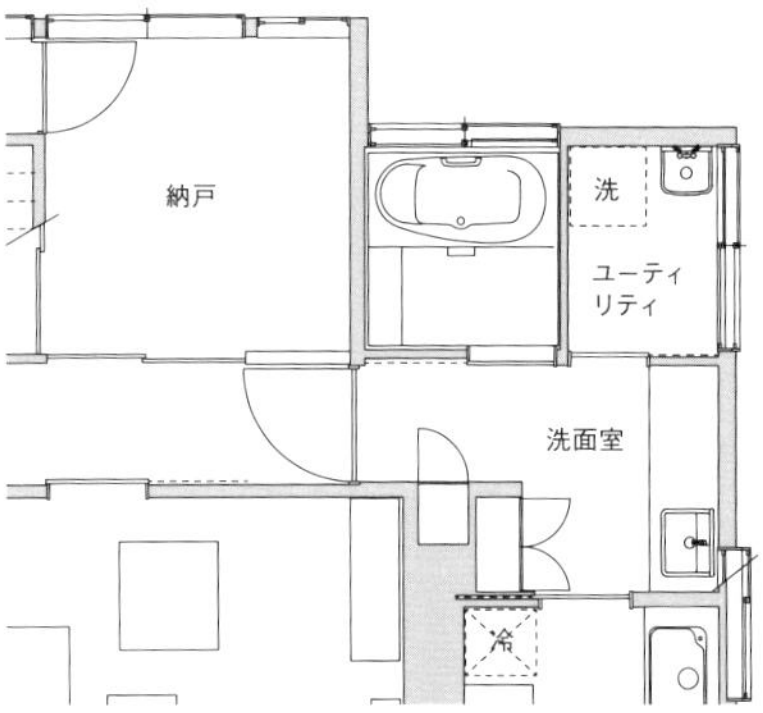

キッチンをコンパクトにして、洗面カウンターを広く。さらに、洗面室の隣に洗濯室を設けた。

スペースに余裕がある場合は、洗濯室を設けるプランを提案することもあります。洗面室から洗濯機を追い出すことで、洗面室が広く使えるようになり、ホテルのようにスッキリとした洗面室にすることができます。

洗濯室の天井にはポールを設置して、洗濯物を干せるようにします。手洗いができるシンクや、洗濯物をたたんだりアイロンがけができるカウンターを設ければ、さらに便利になります。洗濯室は、窓のある日当たりのいい場所に設けます。

洗面室のとなりに設けた洗濯室。扉を閉めてしまえば、生活感のないスッキリとした空間に。

乾燥機を設置するだけで家事が劇的に変わる

「洗濯物はお日さまの下で干したい」という方もいらっしゃいますが、忙しい方やシニアの方には、衣類乾燥機の設置も積極的におすすめしています。干す場所が必要なくなりますし、お天気を気にせず洗濯ができます。何より干す手間がなくなるので、時短になりますし、ラクです。ガス乾燥機だと、電気より時間が短く、タオルなどは外干しよりふんわりと仕上がります。

衣類乾燥機は、洗濯機の上に設置するのが一般的。壁に排湿管を通す工事が必要になる。（小宮邸）

COLUMN

ポールやロープが一本あるだけで洗濯が快適になる

リフォームでは必ず、洗濯物の「一時干し場」を設ける提案をします。外の干し場に持って行く前に、ハンガーに吊るす場所があると、外にいる時間が短くできます。取り込んだ洗濯物をちょっとかけておくこともできますし、雨の日には、ここで洗濯物を乾かすこともできます。

壁の中に洗濯ロープが収納されている「ブラケットタイプ」。必要なときだけ張ることができる。

（左）天井に固定された物干しパイプ。（右）上は天井から吊るしたリングに物干し竿を通している。下は壁のブラケットを出して通している。日当たりのいい場所に設置。

干し場とクローゼットを近づければ歩く距離がぐんと短く

干し場のそばにクローゼットがあるので、その場でたたんですぐしまうことができる。

クローゼットは、寝室に設ける場合が多いと思います。しかしクローゼットが干し場から遠いと、「洗濯物を取り込む→しまう」の動線が長くなってしまいます。寝室が2階にある場合などは、持って行くのが面倒なので、いったんそのへんに積んでおこう……となりがちです。それを解決するには、クローゼットを干し場の近くに移動するのも一案です。

洗濯機から干し場までの動線も短いと、洗濯はラクになる。

吉井邸

BEFORE 1階

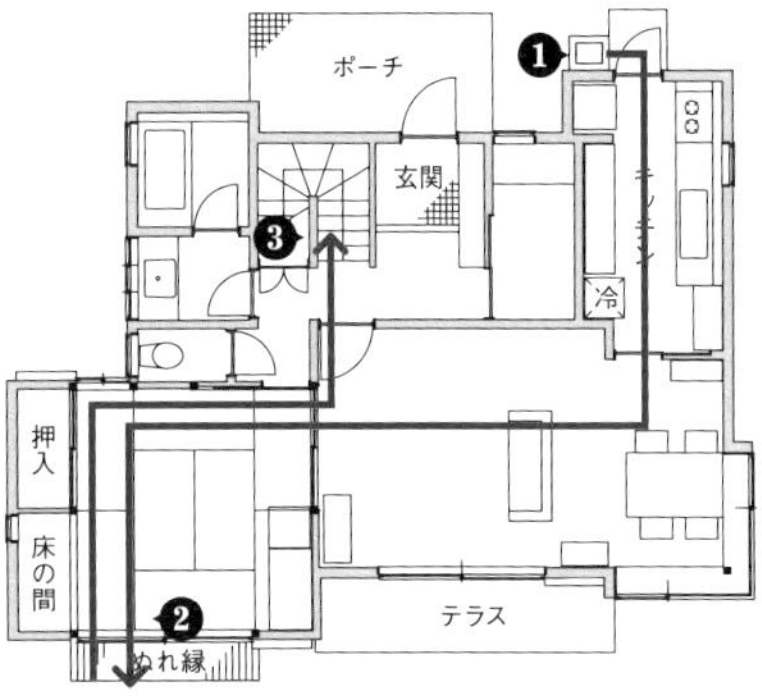

洗濯機が干し場に遠く、クローゼットは2階なので、❶洗う→❷干す→❸しまうの動線が長かった。

↓

AFTER 1階

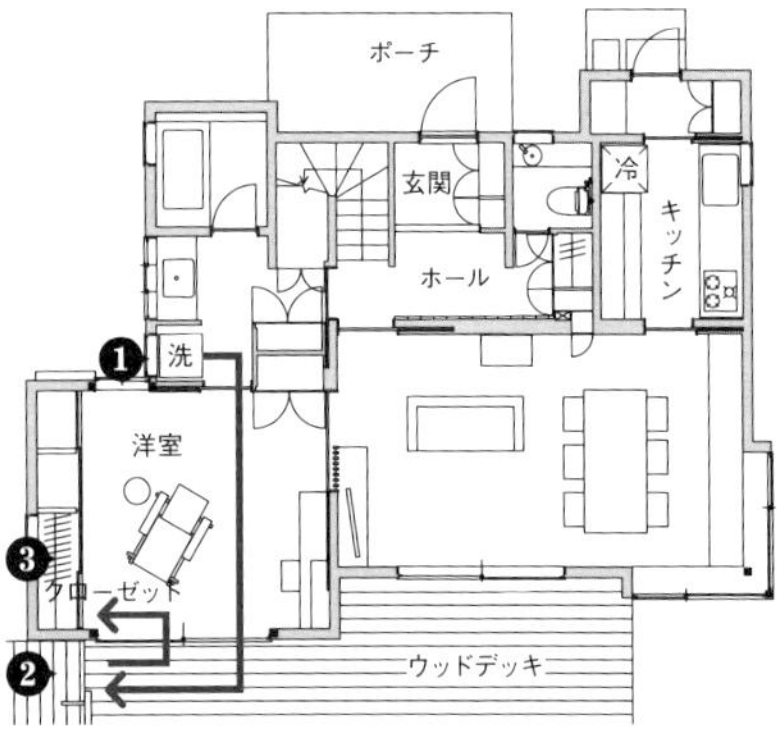

トイレを移動して洗濯機を干し場に近づけ、クローゼットを干し場の近くに設けた。

アイロンがけ専用の**スペースを確保する**

「アイロンがけが面倒」という人は多いでしょう。家の中に、アイロンがけをするためのスペースがあれば、作業が快適になり、しわくちゃの洗濯物の山が減らせます。アイロンがけのスペースは、クローゼットの近くに設けるのがベストですが、「ダイニングでアイロンがけをしたい」という人には、ダイニングに専用スペースを設けるプランを提案します。アイロンがけをする場所の近くには、アイロンやアイロン台などを収納する場所も必要です。

P.18の洗面室。カウンターが広いので、アイロンがけをすることもできる。(浦崎邸)

ダイニング収納の中に設けられたアイロン台。必要なときだけ出して使える。

↓

使わないときは、このように収納できる。(栗津邸)

寝室の入り口に設けたアイロンがけスペース。クローゼットに近いので使いやすい。(岡本邸)

立原邸

BEFORE

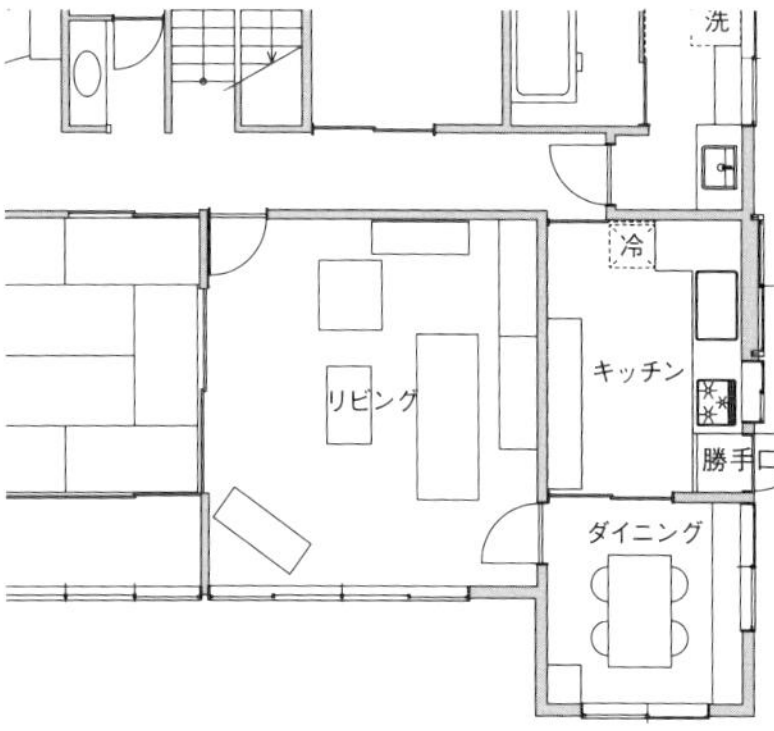

キッチンは一人で使うには広く、料理や片づけに時間がかかっていた。

↓

AFTER

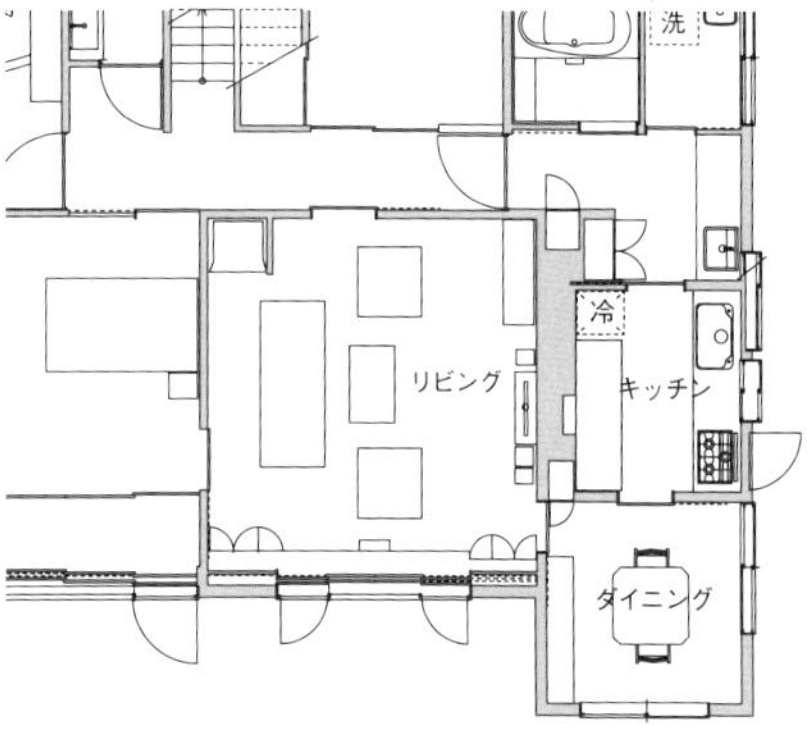

シンクから振り向くだけで冷蔵庫に手が届く。幅も奥行きも狭くして、手早い調理が可能に。

料理を快適に

キッチンをコンパクトにするだけで、能率が上がる

シニアの方にも、若い方にも、キッチンは、コンパクトな方が使いやすいことは変わりありません。バタバタと歩きまわらなくても、手を伸ばすだけで必要なものに手が届くようなキッチンなら、調理や片づけが短時間で終わりますし、疲れてへとへとになることもありません。左の写真のような「1列型」のキッチンの場合、キッチンと背面収納の間隔は、75~85センチくらいがおすすめです（キッチンの種類はP.29参照）。広さはコンパクトでも、収納はたっぷり、が秘けつです。

背面カウンターの上にはオープン棚を設置して、お気に入りの道具が「見える収納」に。

振り返るだけで大抵の物に手が届くキッチン。背面カウンターには家電が置いてある。

キッチンとダイニングテーブルは分離させるほうが快適

キッチンの真ん中にダイニングテーブルがある、「ダイニング・キッチン」は、使い勝手がいい間取りとはいえません。テーブルが真ん中にあることで、キッチンと食器棚や家電が分断されてしまい、調理や片づけの動線が長くなるからです。また、キッチンで使う物をついテーブルの上に置いてしまうので、散らかりやすくなります。

リフォームでキッチンを分離させたことで、落ち着いて食事ができるダイニングになった。

リフォームによってキッチンを独立させ、背面に食器棚兼家電置きのカウンターを設けた。

島田邸

BEFORE

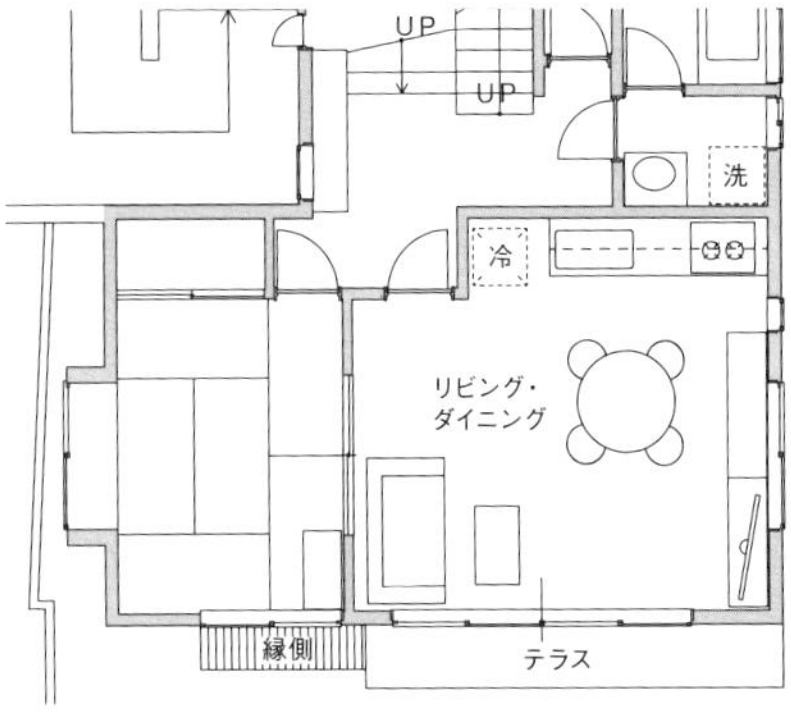

キッチンの中が丸見えで、常にテーブルの上が食材や食器の置き場になっていた。

↓

AFTER

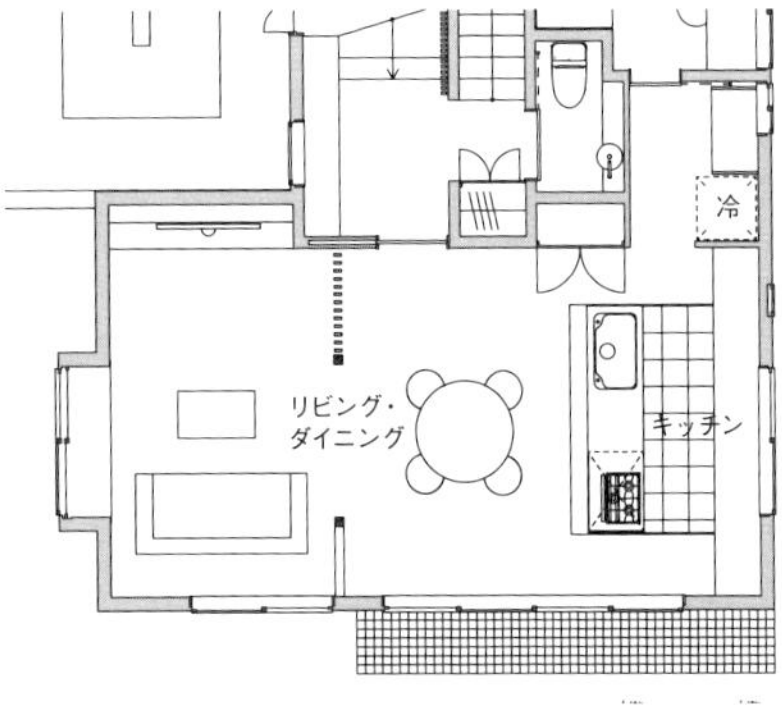

キッチンを「対面型」にしたことで、調理中に歩き回る距離がぐんと短くなった。

閉鎖的なキッチンを夫婦二人で立てる空間に

妻の希望で、レンジ調理台をダイニング側に。熱々の料理をそのまま配膳できる。

浦崎邸

BEFORE

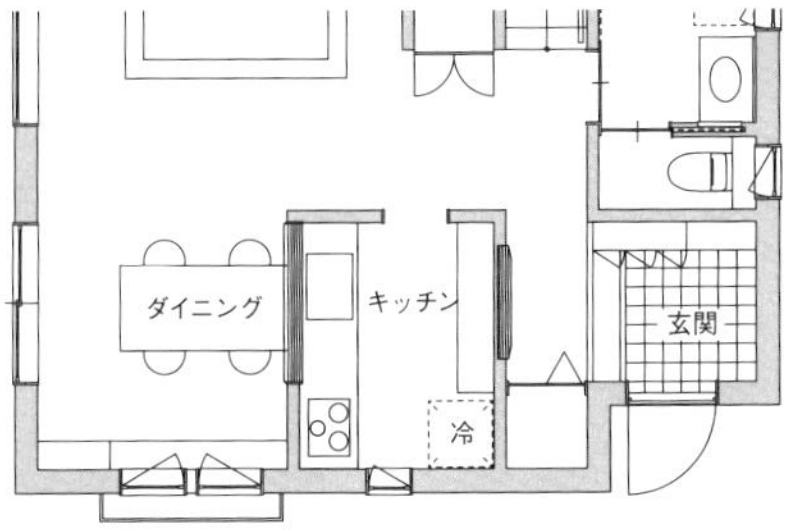

調理台とシンクが並んでいるキッチン。調理する人が一人なら使いやすい。

↓

AFTER

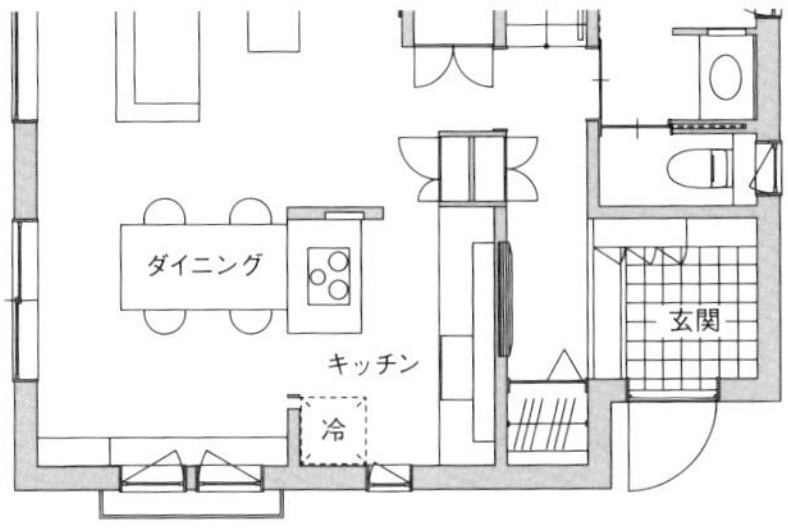

調理台とシンクを分離させ、さらにキッチンを回遊動線にすることで、二人でも動きやすくなった。

定年になり、夫婦で一緒にキッチンに立つことが増えたという方も多いでしょう。将来は子どもやそのパートナー、ヘルパーさんなどがキッチンに立つ機会もあるかもしれません。そんなときにも使いやすいように、シンクと調理台が並列ではなく、背中合わせになっているキッチンのレイアウトを提案することがあります。シンクと調理台の位置を斜めにずらすことで、二人で別々の作業がしやすくなります。

食洗機をビルトインにしてキッチンを広く使う

後片づけをラクにする食洗機は、シニアや忙しい人の救世主になってくれます。しかし置き型の食洗機を設置すると、調理台が狭くなって、使いづらくなることが多いので、リフォームでは、食洗機をビルトインにすることをおすすめしています。

食洗機をシンクのそばに設置することで、下洗いしたものもすぐに入れられます。さらに背面に食器棚を設ければ、洗い終わった食器の片づけのために歩き回る必要がなくなります。

引き出し型

一人〜二人暮らしの人や、食事の度に食器を洗いたい人向き。（塚原邸）

フロントオープン型

2〜3段に食器を収納できるので、一日の食器をまとめ洗いできる。（平山邸）

ゴミ箱の定位置は手を伸ばして届くところ

キッチンのレイアウトを考えるとき、ゴミ箱の位置は非常に重要です。ゴミ箱が遠いと、調理中に歩き回る距離が長くなりますし、調理台が散らかりがちです。ゴミ箱に一番適している指定席は、シンクの近くです。食品を袋から出したり、洗ったり切ったりという下ごしらえをするときに出るゴミを、その場で手を伸ばすだけで捨てることができます。シンクの下に設置できない場合は、背面に設置するようにしています。

シンク横の下にゴミ箱がある。引き出したままで調理するとスムーズ。中でふたが閉まるしくみ。（浦崎邸）

シンクに立っているとき、振り向くだけでゴミ箱に手が届く。（青木邸）

キッチンの形を決めるときのポイント

様々なキッチンがありますが、おすすめしたいのはこの3タイプ。
共通なのは、通路が広すぎないので疲れずに作業ができることです。

LDと一体感ができる
オープンタイプ・I型

よく提案するのが、キッチンをオープンにしてダイニングに向かわせる「対面式」のキッチン。壁がないので明るいうえ、ダイニングにいる人と顔を合わせながら作業ができて、孤立感がありません。前面を収納にして少し立ち上がらせると、調理台の手元が見えなくて安心感があります。

オープンにしたくないなら
クローズタイプ・1列型

ダイニングから見えない場所で落ち着いて作業をしたいという場合は、キッチンだけを独立させたクローズタイプ。孤立感がないように、ダイニングの気配を感じられるつくりに。

コンロがダイニング側

シンクがダイニング側

二人で作業したいなら
オープンタイプ・2列型

シンクとコンロを並べるのではなく、向かい合わせに設置する「2列型」は、二人で作業するときにも便利です。ダイニングに油が飛ばないように、コンロを奥にすることが多いです。

掃除を快適に

掃除道具が手に取りやすければ、おっくうにならない

「掃除がおっくうになった」という人は、掃除機を変えてみてはいかがでしょう。充電して使う「コードレスタイプ」の掃除機だと、いちいちコンセントにつなぐ必要がなく、動かしやすいので、体への負担が軽くなります。リフォームするときには、よく通る場所に掃除機の指定席を決めます。扉があって外からは見えない場所に、壁に掛けられるようにしておくと便利。さらにバーを設置して、モップなども吊るせるようにします。道具が手に取りやすければ、掃除の回数は増えるはずです。

玄関近くの収納の中。バーを横に渡し、掃除機を吊るしている。コンセントを増設し、自転車の充電器などもここに。(浦崎邸)

洗面室近くにある収納の中。掃除機は壁の充電器に掛けておける。ハンディ掃除機などもバーに掛けて収納。(立原邸)

掃除機やモップが入りやすくなれば、床はきれいに保てる

洗面台の下がオープンになっているので、掃除がしやすい。（齋藤邸）

トイレの手洗いボウルの給排水管を隠すための扉。キャスターで動かせるので、掃除がしやすい。（坂本邸）

洗面室の収納。一番下には棚板を敷かず、床が続いているので、掃除がしやすい。（岩沢邸）

洗面室をつくるときは、洗面台の下をオープンにしています。椅子を使えたり、カゴや体重計が置けて便利というのが理由ですが、掃除機やフロアーモップのヘッドが入りやすいので、すいすい掃除ができるのもいいところです。ほかに、収納を設けるときも、一番下には棚板を敷かず、段差をつくらないようにしています。床の続きで掃除ができるのでラクです。掃除がしやすい家は、いつも清潔に保つことができます。

Renovation_2

体にやさしい住まいにする

シニア世代のリフォームの大きな目的に、「体への負担を軽くしたい」ということがあります。「寒い」「暑い」「移動が辛い」「暗い」などの問題が解決されると、暮らしは想像以上に快適になり、活動的に過ごすことができます。「もっと早くリフォームすればよかった」と思うはずです。

（宮内邸）

（小宮邸）

移動をラクに

階段のつくりや動線を見直す

一日に何回、階段を往復していますか？　出かける支度をするのに、バタバタと走り回ってはいませんか？　階段のつくりや動線を見直すことで、移動がラクになったり無駄な動きが減って、様々なことがスピーディにこなせるようになります。一時的に腰を下ろせる場所、物を置ける場所を設けるだけでも、驚くほど快適になります。

採光・通風

吹き抜けにしたり壁を取り払う

昼間でも電気をつけないと過ごせない暗い場所が、あちこちにあるという家は少なくありません。また、風が通らない家は、湿気やニオイがこもる原因になります。床を抜いて吹き抜けにしたり壁を取り払うことで、光と風が入るようになると、居心地のよさは格段にアップします。

（岡崎邸）

（青木邸）

温かく・涼しく

断熱材とインナーサッシで解決

冬の寒さや、真夏の暑さを我慢しながら暮らしている人は、ぜひリフォームをしてください。寒さも暑さも、窓にインナーサッシを設けたり、床や壁、天井に断熱材を入れることで解決できます。冬を暖かく、夏を涼しく暮らせるようになれば、家にいる時間が楽しくなるでしょう。

移動をラクに

間取りの変更で
階段の昇り降りを減らす

シニアの方が階段のある家に住んでいる場合は、階段の昇り降りの回数ができるだけ少なくなるようなリフォームを考えます。とくに、一日の終わりに寝る準備をするときに、何度も階段を昇り降りするのは面倒です。寝室と洗面、トイレ、浴室が違うフロアにある場合は、同じフロアにまとめることで、思った以上に暮らしは快適になります。夜中に起きてトイレや洗面室を使うときも安心ですし、ヒートショックを防ぐことにもつながります。

引き戸を閉めると、玄関ホールと寝室・水周りのスペースを区切ることができて、寒さを軽減できる。廊下奥に見えるのは蓄熱暖房機。冬も一日中温かい。

小宮邸

BEFORE

2階

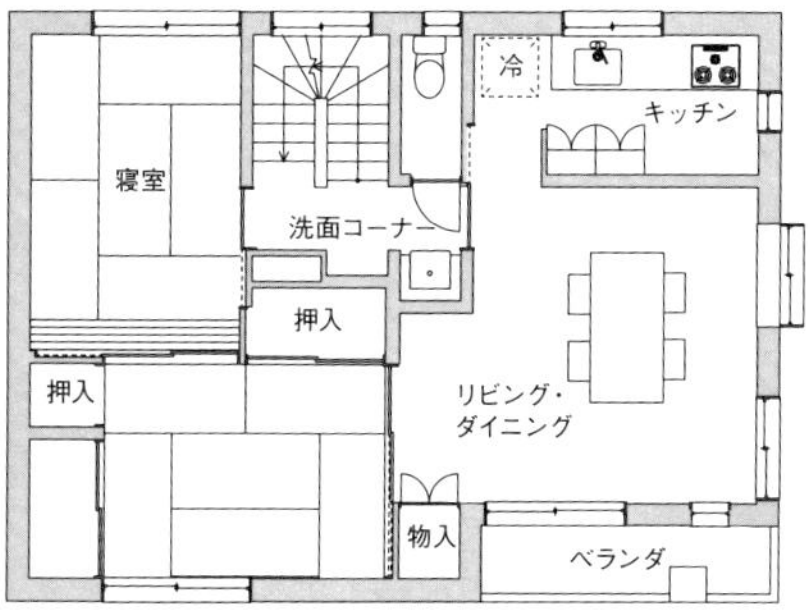

1階

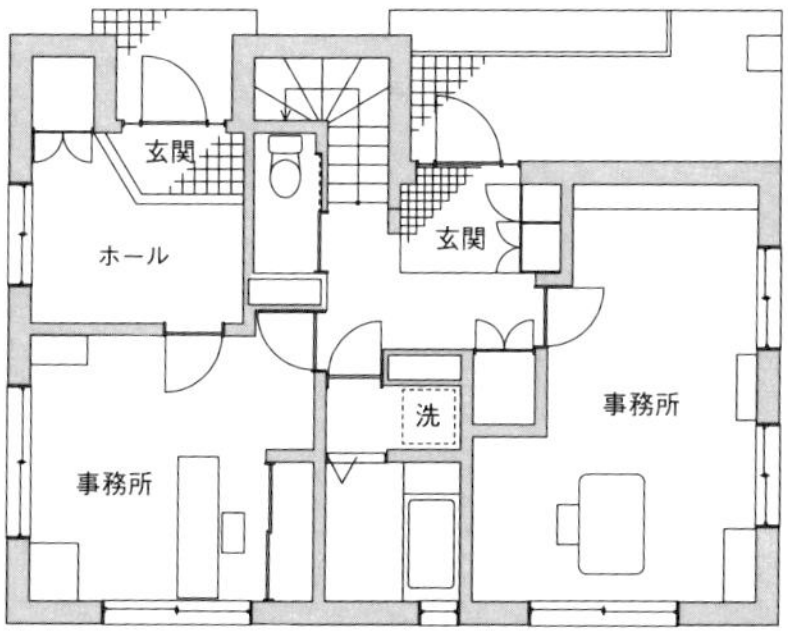

浴室と洗面室が1階、寝室が2階と分かれていたため、とくに朝と夜は階段の昇り降りが多かった。

AFTER

↓

2階

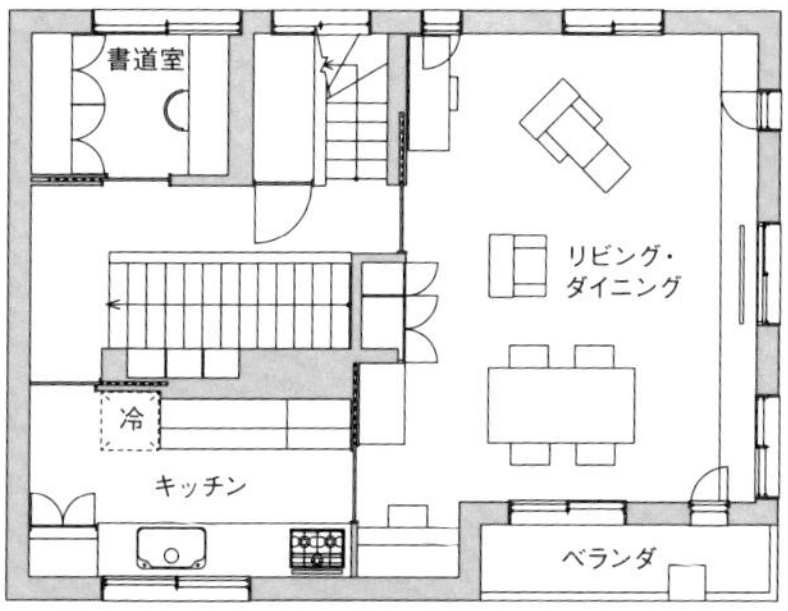

1階

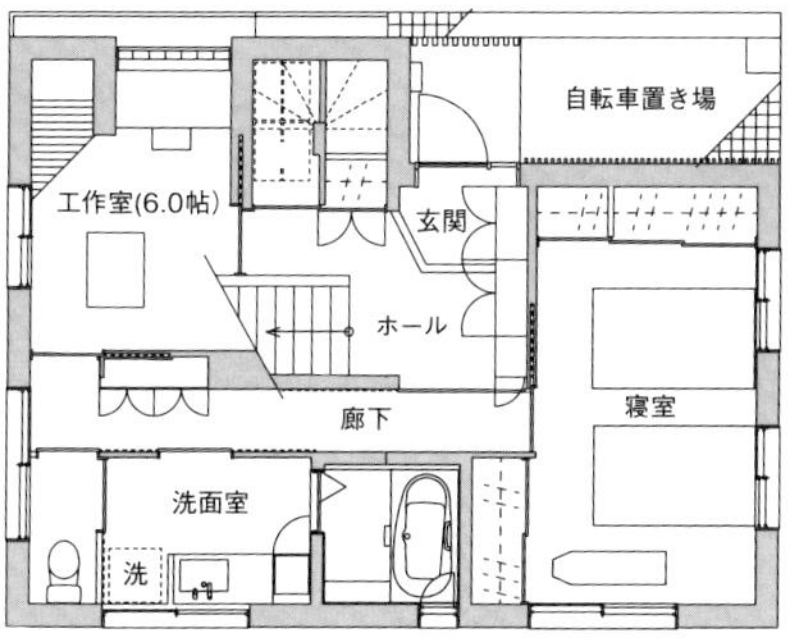

浴室、洗面室、寝室を1階にまとめたことで、階段を昇り降りする回数は激減した。

2階から1階に移した寝室。洗面室や寝室が近いので、過ごしやすい。

洗面室の隣にはトイレがある。寝室からも近いので、夜中にトイレにいくのがラクになった。

身支度空間を1カ所に集めると時間に余裕ができる

寝室の中にある、ウォークインタイプのクローゼット。妻の衣類を収納している。

マンションの場合でも、寝室とクローゼット、洗面室といった「身支度空間」を1カ所にまとめることで、ずいぶん暮らしやすくなります。寝室から洗面室に行くのに一度廊下を通って行くような間取りだと、パジャマ姿で家の中をうろうろしなければなりません。朝起きて、着替えや洗面、メイクまでを近くですませることができれば、ホテルのように快適に過ごせます。出かける支度も、スピーディになります。

寝室の隣には洗面室があるので、朝の身支度がしやすい。

寝室の窓際にカウンターを設け、その一部をドレッサーに。

小竹邸

BEFORE

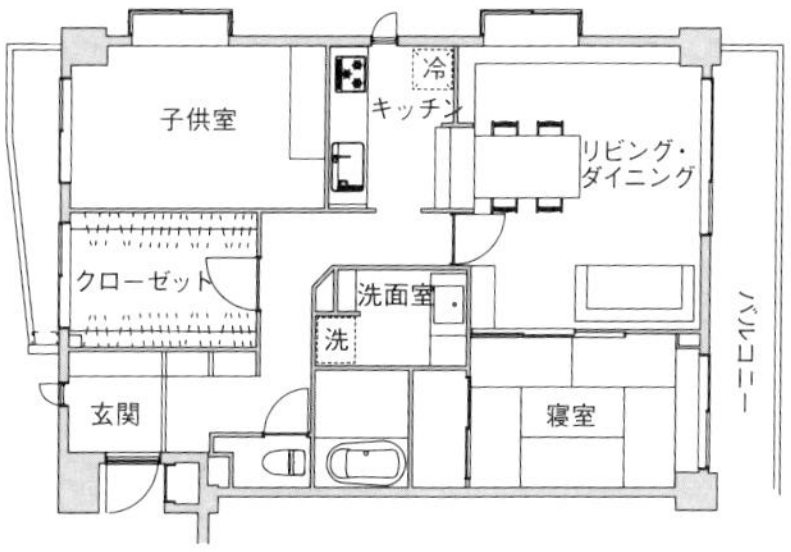

和室で寝ていたが、洗面室やトイレ、衣類を収納していた納戸への動線が遠かった。

↓

AFTER

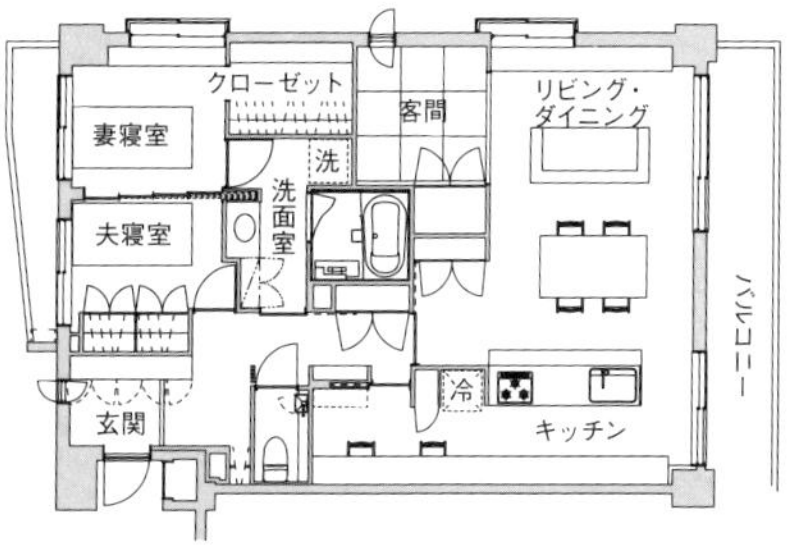

寝室（妻側）が洗面室と隣り合っていて、それぞれのベッドのそばにクローゼットがある。

玄関に腰掛ける場所と手すりがあれば、靴の脱ぎ履きがラクになる。（原邸）

寝室がリビングに比べて一段高くなっている。腰掛けて移動できるので体がラク。（齋藤邸）

手すりや椅子があれば次の動作がラクになる

和室の下には引き出し式の収納を設けた。季節外の布団や客用布団を収納している。（齋藤邸）

シニア世代が気をつけなくてはいけないのが、次の動作に移るときです。いきなり立ち上がったりすると、腰を傷めたり転倒につながります。リフォームで「腰掛ける」場所を設けることで、体が安定し、次の動作に移りやすくなります。たとえば寝ていた状態から起き上がるとき、靴を履くときや脱ぐときなど、「腰掛ける」場所があるだけで、スムーズに立ち上がったり、支度をすることができます。腰掛ける場所には、必ず手すりも設置します。

手を伸ばすだけで用が足りるという快適さ

一日のうち何度も使う物、小さい物だけれど邪魔になるものは、置き場に困ることがあります。手の届くところにちょっとした台があると、思った以上に暮らしが便利になります。

たとえばベッドのそばには、メガネやスマホなどを置ける場所がほしいものです。ナイトテーブルを置くのもいいのですが、ベッドメイクのときなど邪魔になりがちです。おすすめなのは、奥行きの浅いカウンターを壁に設けることです。いちいちベッドから起き上がる必要がなくなります。

同じようにダイニングにも、窓際に小さいカウンターがあると、テーブルが物置き場にならずにすみます。

小さいカウンターなら、工事をしなくても自分でつけられます。

玄関ポストから入れられた新聞や郵便を、受け止める小さい板。サッと手に取れる。(山本邸)

ベッドの脇の壁に窪みをつくり、スマホや眼鏡など小さな物を置けるようにしている。(浦崎邸)

ダイニングの窓枠の下部分を少し幅広にして、カウンターとして活用。ちょっとした物を置けて便利。(立原邸)

COLUMN

低めの椅子はソファより立ち上がりやすい

シニア世代には、柔らかいソファよりも、やや座面の低い椅子のほうが立ち上がりやすくなります。リビングの椅子としてもおすすめです。

立原邸

BEFORE

2階

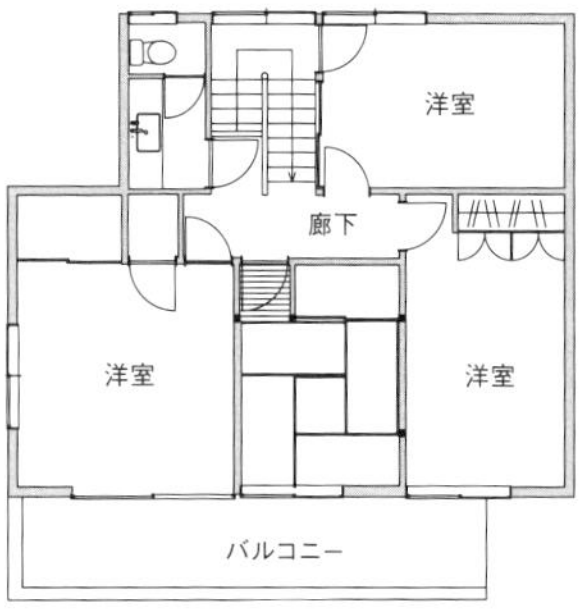

1階

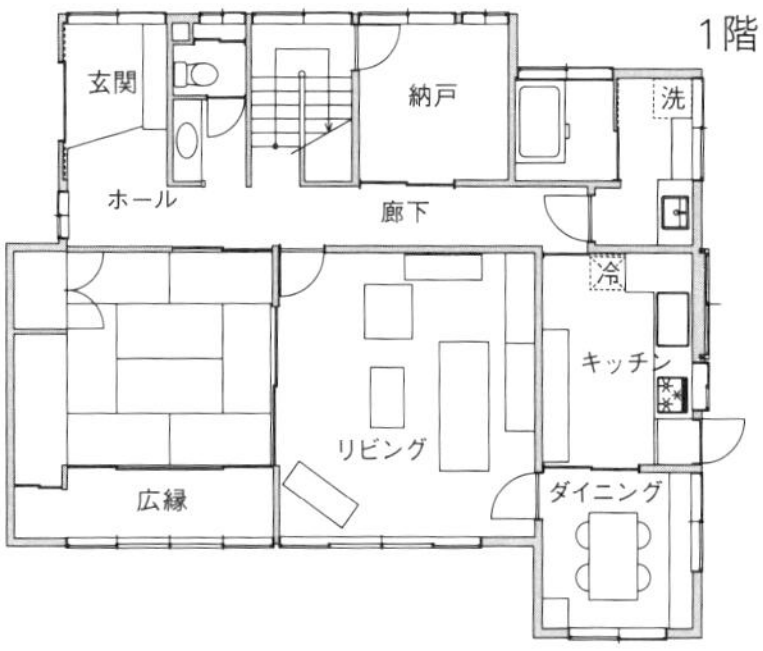

1階のリビングには光が入りにくく、風通しも悪かった。

↓

AFTER

2階

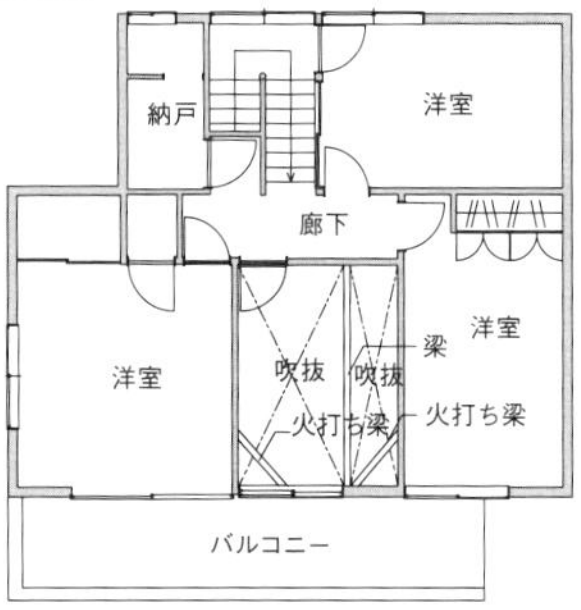

1階

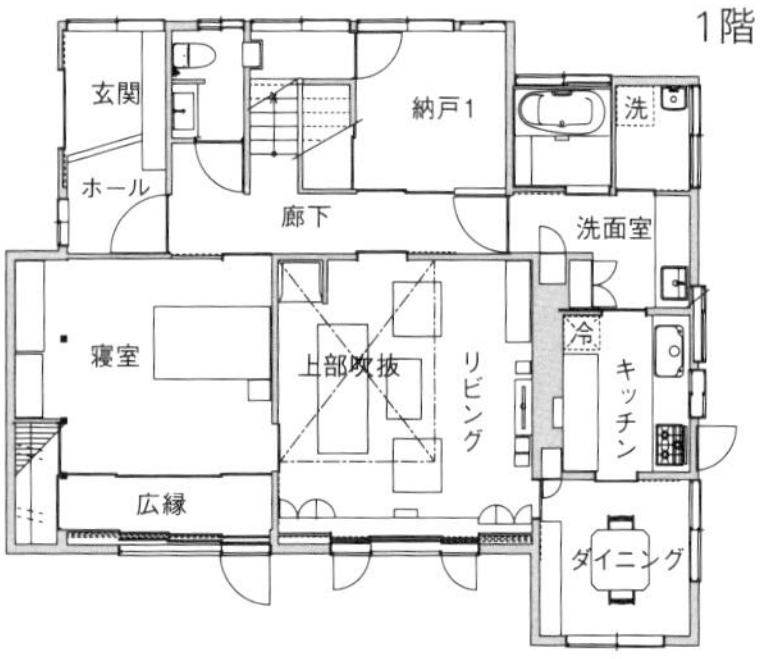

リビングの上にある4.5畳の和室をなくし、吹き抜けの空間をつくったことで、明るく、開放的に。

採光・通風

吹き抜けにすると1階にも光が差し込む

隣家が接近して建っている場合、下階の居室に光が入りにくいことがあります。その場合に提案するのが、思い切って2階の床を取り払い、吹き抜けの空間をつくるプランです。窓が高い位置に来ることで、部屋の奥まで自然光が入り、家全体が明るくなります。風通しがよくなり、開放的な空間になるという効果もあります。2階の部屋の吹き抜け側に小窓を開ければ、家族の気配を感じながら暮らすこともできます。リビングが暗く、子どもたちが独立して2階の居室が余っているという家には、おすすめしたいリフォームです。

吹き抜けにしたことで、部屋の隅々まで自然光が届くようになった。

一日中光が差し込むリビング。天井が高いので開放的で、気持ちよく過ごせる。

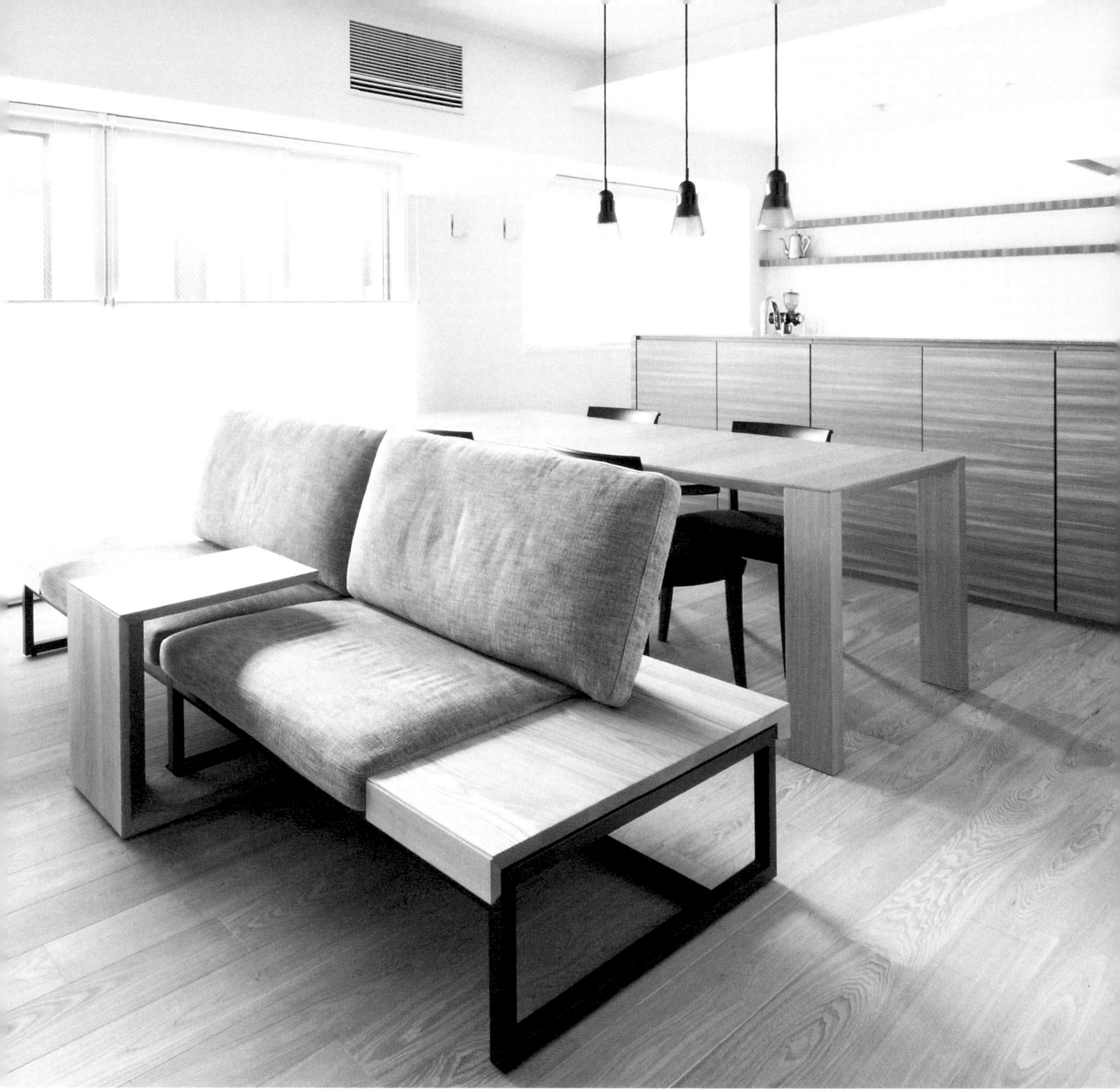

壁を取り払って
光と風を入れる

マンションに多いのが、「昼間でも薄暗い」という悩みです。日中も電気をつけて過ごしているという家は多いようです。その原因になっているのが、居室を仕切っている壁の存在。日が差し込む角度に応じて、壁の影になる範囲も変わっていきますが、影の部分は暗くなり、冬は寒く感じます。

「マンションだからしょうがない」とあきらめている人も多いのですが、解決策はあります。たとえば外に向いている部屋が続いている場合、間の壁を取り払ってひと続きの広い部屋にするという方法です。2部屋もしくは3部屋だった場所を、ひとつの大きいLDKにすることで、家族が集まる場所が明るく、開放的になります。

小竹邸

BEFORE

南側に面している2つの居室（ダイニングと和室）は壁で区切られていた。

↓

AFTER

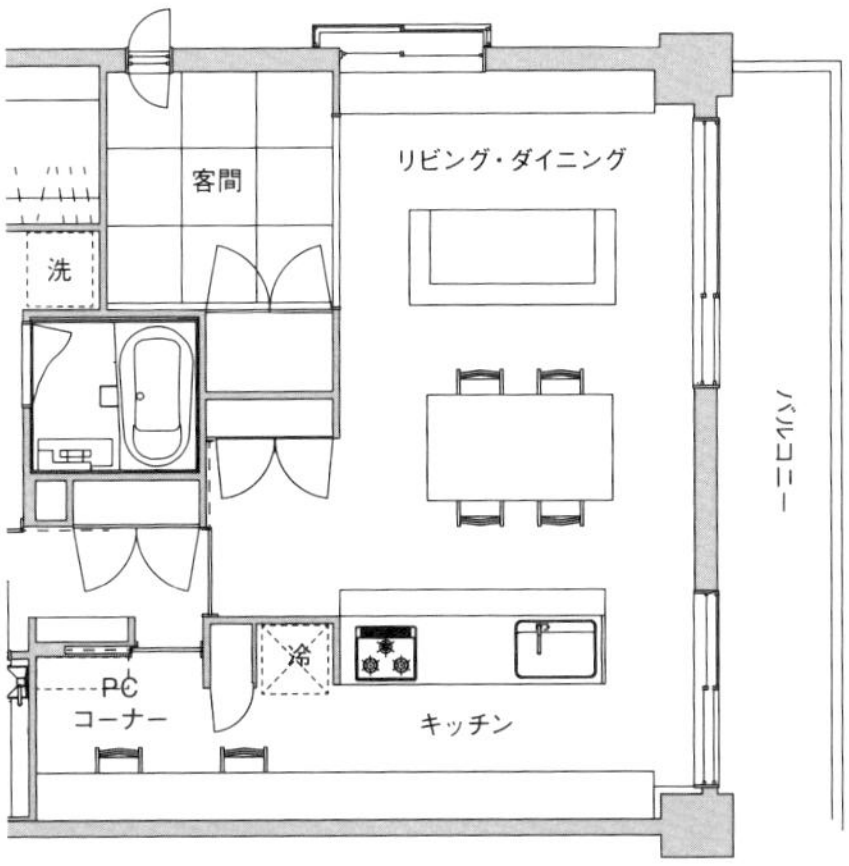

壁を取り払い、キッチンも移動してひと続きのLDKに。光が奥まで届く明るく、気持ちのいい空間。

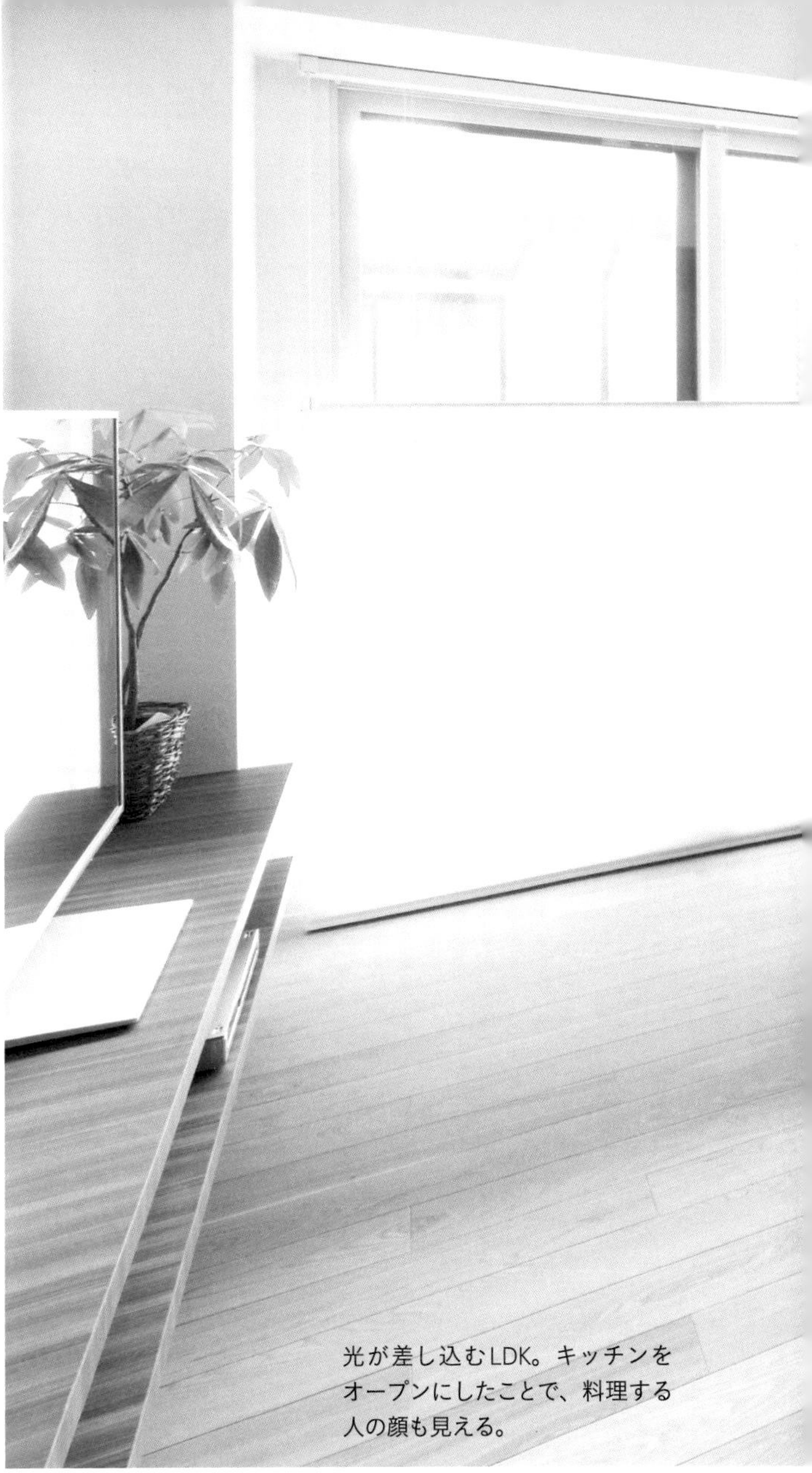

光が差し込むLDK。キッチンをオープンにしたことで、料理する人の顔も見える。

ダイニングから大きな画面のテレビを観ることもできる。

壁に向かっていたキッチンをオープンにして明るく

築年数の長い住宅に多いのが、壁側にシンクや調理台があるキッチンです。手元が暗いので昼間でも電気が必要な場合が多いですし、壁に向かって作業するので、料理をする人が孤立してしまいがちです。リフォームでよくおすすめするのが、キッチンの向きを変えて、ダイニングに向かって作業ができるようにする「対面型」のキッチンです。ダイニングと一体化することで、明るく、開放感のある空間になりますし、家族と顔を合わせ、会話しながら作業ができます。ダイニング側から手元が丸見えにならないようにしたい場合は、ダイニング側の壁を調理台より少し立ち上げます。

山本邸

BEFORE

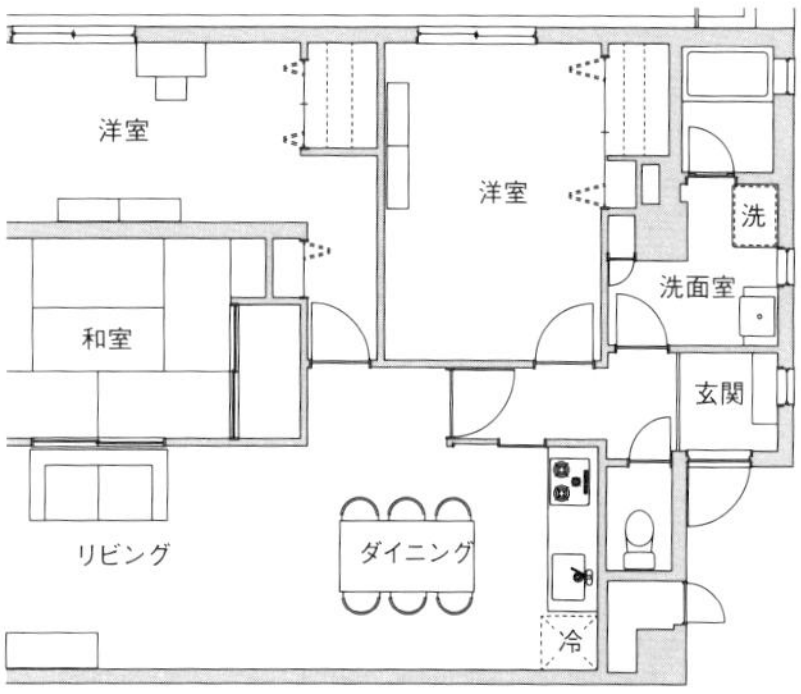

キッチンが孤立していて光が入らない場所にあったため、昼間でも電気が必要だった。

↓

AFTER

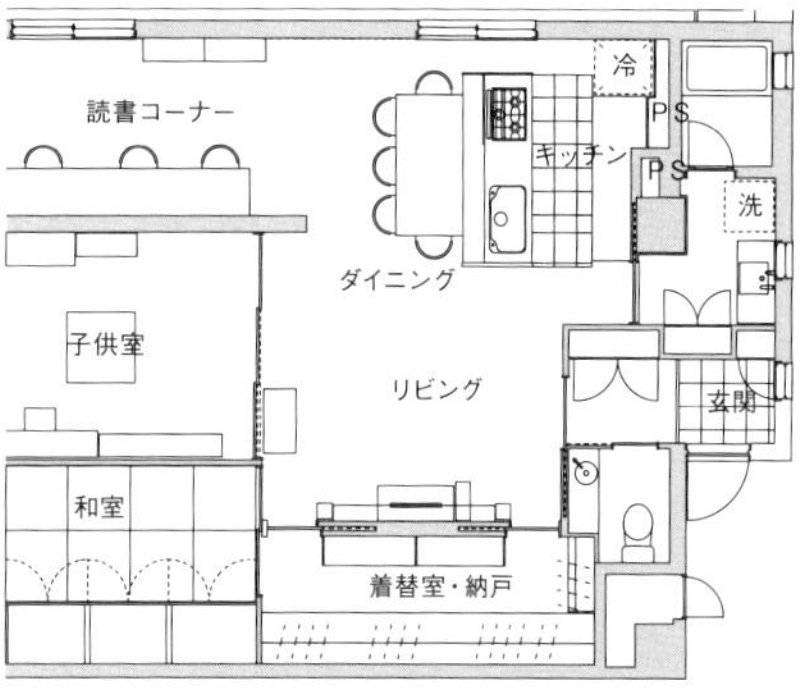

キッチンの向きを変えて、ダイニングにいる家族の様子をみながら調理ができるように。

自然光がいっぱいに差し込む明るいキッチンとダイニング。調理している人の顔は見えるが手元は見えない。

リフォームで、2つの居室の戸を障子に。閉めた状態でも柔らかく光が入る。

ルーバーや障子で仕切ることで明るさを確保

間仕切りが必要だけれど、明るさも確保したいという場合は、ルーバーや障子を活用します。ルーバーは壁やドアと違って、光を採り込みながらゆるやかに空間を仕切ることができるのが特徴です。ルーバーや障子には、奥にある物をぼかす効果もあるので、丸見えにしたくない空間の手前に設けるのもいい方法です。

左が寝室、右が子ども部屋になっている。

廊下とLDKを仕切るガラス戸をルーバーに。光を採り込みながら、奥の様子をぼかす効果もある。

寒さの原因になっていた、玄関からキッチンへと続く中廊下をなくした例。代わりに収納に変更した。

温かく・涼しく

廊下をなくすことで〃寒い場所〃がなくなる

一戸建ては、2階に比べて1階が寒いのが一般的です。1階は太陽の光が入りにくく床下からの冷気を受けてしまうこと、そして暖かい空気は上に、冷たい空気は下に流れるという空気の性質が原因です。寒さを改善するためには、床下に断熱材を入れたり窓ガラスを二重にして、家全体の断熱性能を高めることが大切ですが、「廊下をなくす」のもおすすめの方法です。廊下があることで、冷たい空気(風)の通り道ができてしまいます。またそこに2階への階段があると、暖かい空気が上に逃げてしまいます。廊下をつぶすことで、居室を広げたり収納を増やせます。家の中の寒暖差が小さくなるので、ヒートショックの予防にもつながります。

坂本邸

BEFORE

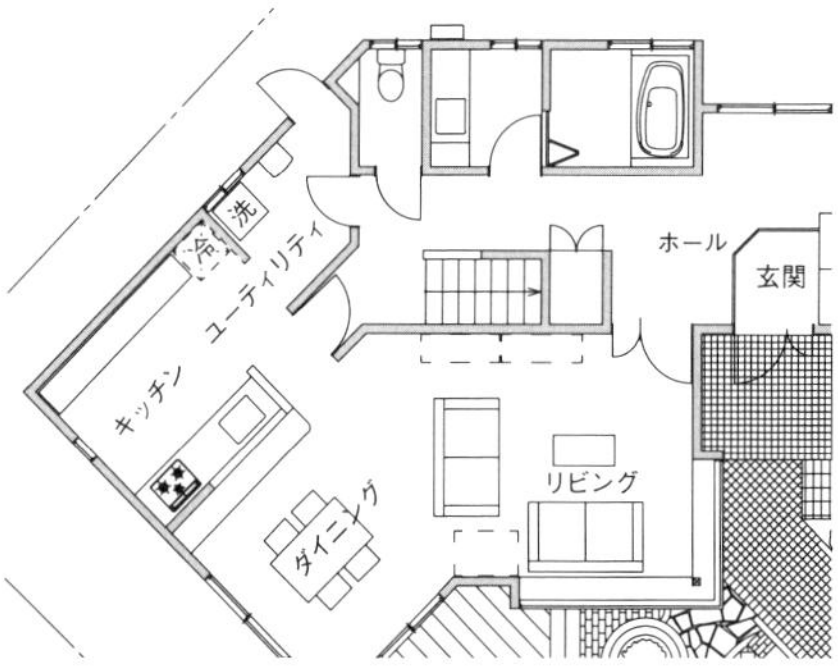

玄関からキッチンまで長い廊下が続き、風の通り道に。暖気は階段から上階に逃げてしまっていた。

↓

AFTER

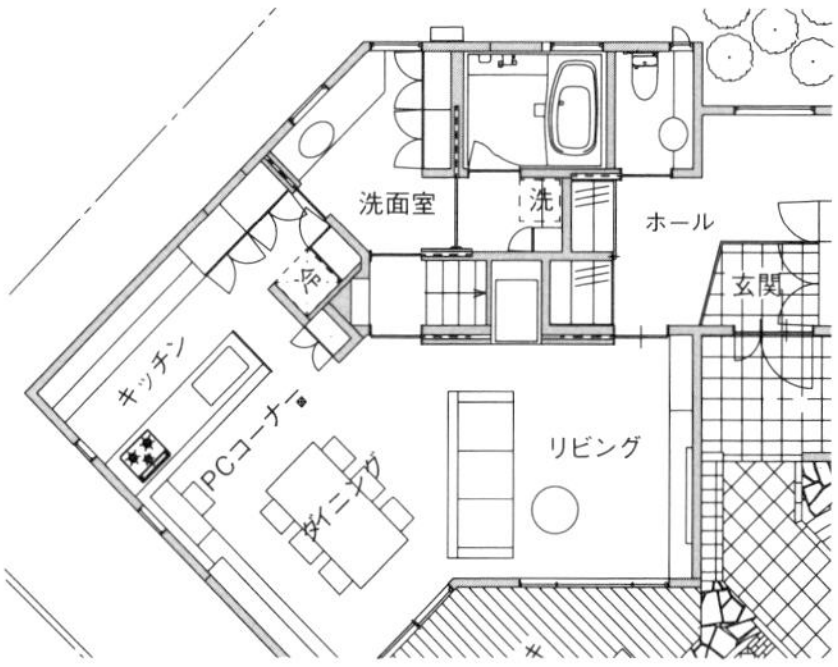

廊下をなくして、玄関に大きな収納を設置。寒さを防ぐことができ、洗面室も広くなった。

窓を小さくして寒さ・暑さをやわらげる

「窓は大きいほうがいい」と思っている方が多いようです。光がたくさん入るので明るく、暖かくなるという考え方です。しかし窓は、家の中で最も熱を逃がす場所でもあります。冬の夜や猛暑の夏は、窓が大きいとエアコンの効きも悪くなります。

それを改善するために、窓の面積を小さくするリフォームをすることがあります。窓は面積が小さくても、高い位置にあれば部屋全体に光を入れることができます。窓を小さくすることは、騒音やプライバシー問題の改善にもつながります。

窓自体はリフォームせず、窓の前にカウンター収納を設けることで、窓の面積を小さくした例。（船戸邸）

マンションの上階の場合、窓が大きいと落ち着かないという人も多い。窓を小さくすることで遮音効果もあり、リラックスできるリビングに。（坂井邸）

1枚の戸で冷暖房効果が大きく上がる

仕切りのないスペースは開放感があって気持ちがよいものですが、冷暖房の効率はよくありません。夏や冬は光熱費が跳ね上がってしまうのも、悩みの種です。またキッチンとダイニング、リビングが一体化している間取りの場合、キッチンにしか人がいないときに、LDK全体を温めるのも無駄になります。そんなときはリフォームで、必要なときだけ引き出せる引き戸をつくることで改善できます。中をガラスにすれば、光を採り込みながら居室を仕切ることができます。引き戸は壁の中に引き込めるようにすると、いつもは広く使え、空間がスッキリします。

COLUMN

天井や床に断熱材を入れるのも効果的

冷暖房効果を上げる効果的な方法としては、窓の断熱リフォーム(P.50)以外に、天井や床に断熱材を入れるという方法がある。屋根、窓、床を断熱材で包むことで、外気からの冷気を遮断し、室内の温かい空気を外に逃がさないようにできる。小さいエネルギーで室温を維持することができるようになり、光熱費の節約にも大きな効果がある。断熱材にはいくつかの種類があり、素材によって価格も異なる。

キッチンとダイニングの間に、ガラスの引き戸を設置し、料理中の寒さを軽減。(沼尻邸)

シーリングファンで空気をかくはんさせる

冷暖房効果を上げるもうひとつの方法は、部屋の空気をかくはんさせることです。扇風機を使ってもよいのですが、邪魔になりがちです。シーリングファンを天井に取りつけることで、家の中に空気の流れをつくり、夏は冷気を、冬は暖気を行きわたらせて、空調効率をアップさせることができます。

天井でゆっくり回転するシーリングファンは、インテリアのポイントにもなります。

上の方に溜まりがちな温かい空気をファンがかくはんして、足元も温かく。（水越邸）

オーニングをつけるだけで強い日差しを防げる

日差しが強い日はオーニングを伸ばすことで、室温を下げる効果がある。（福地邸）

「オーニング」とは、「日よけ」という意味。窓に設置しておくと、夏は帽子のひさしのように、太陽光線の室内への侵入を防いでくれます。ブラインドやカーテンよりも効果が大きく、使わないときはたたんで収納することが可能。景観を妨げることなく、室温の上昇や家具の色あせ、まぶしさなどを防ぐことができます。南向きや西向きの窓にはとくにおすすめ。角度を変えられるタイプもあります。

暑さ・寒さ対策のカギは「窓」の断熱リフォーム

夏の暑さや冬の寒さを改善するだけで、家で過ごす時間はぐんと快適になります。
身体にいいことはもちろんですが、省エネや防音など様々なメリットも。

二重サッシの窓の内側に、雨戸と障子を設けた。使わないときは壁の中に引き込める。(立原邸)

リフォームの目的として多いのが、寒さの改善。とくに一戸建てや、窓の大きなマンションでは、「冷え」に悩むことがあります。壁の断熱材を入れ替えたり、吹き直しをしたり、場合によっては間取りを変えるといった方法もありますが、もっと手軽で効果が確実なのが、窓のリフォーム。なかでもコストが抑えられておすすめなのが、窓の内側にもう1枚窓をつける「二重サッシ」です。

「二重サッシ」は断熱性を高めるので、寒さだけでなく暑さ対策としても、確実に効果を上げられますし、省エネや防音効果もあります。ほとんどが今の窓枠の中に取りつけられ、手軽な工事ですみます。ほかにも、窓のリフォームにはいくつかの方法があります。

(平山邸)

01

窓を二重サッシにする

昔から北海道などの寒い地域で取り入れられていた方法で、既存の窓の内側に、もう1枚サッシを設置するというもの。2枚のサッシの間に空気層ができるため、外気温が伝わりにくくなり、気密性や断熱効率を上げられる。冷暖房器具を使うときにも省エネや節約につながり、防音効果も期待できる。

02

窓を断熱サッシに取り替える

一般的なサッシはアルミ製だが、熱しやすく冷めやすい素材なので、外気の影響を受けやすい。断熱サッシとは、木材や樹脂、あるいはアルミとそれらを組み合わせたもの。熱伝導率が低いので、断熱効果を高めることができる。最近は性能のよいアルミサッシも出ている。

(塚原邸)

(小林邸)

03

カバー工法で断熱性能を上げる

既存の窓枠の上から新しい窓枠を取りつける工法で、玄関ドアや二重にしたくない窓におすすめ。壁を壊すなどの大掛かりな工事が不要なので手軽にできて、高断熱のサッシに変えることもできる。コストがやや高く、開口部がひと回り小さくなるのがデメリット。

04

出窓の手前に大きく1枚窓を入れる

出窓は、外壁よりも外側に出っ張った形状をしているので、外気温の影響を受けやすく、室内の熱を外に逃がしてしまう原因になる。出窓に内窓を取りつけることで、断熱効果を高めることが可能。

(参考写真)

Renovation_3

自然に片づく家にする

生活していれば、物が散らかるのは当たり前。問題は、すぐリセットできる仕組みがあるかどうかです。物を使い終わったあと、考えずに、歩かずにすぐ戻せるような収納になっていれば、いくら散らかしても、一日の終わりには自然に片づくので、美しい住まいをキープすることができます。

（田辺邸）

使うところにしまう

使いたいときにパッと取り出せることも大切ですが、使った後「すぐに戻せる」ことのほうが、散らからないためには重要です。「使う場所＝しまう場所」であれば、ついつい置きっぱなしにすることもなくなります。

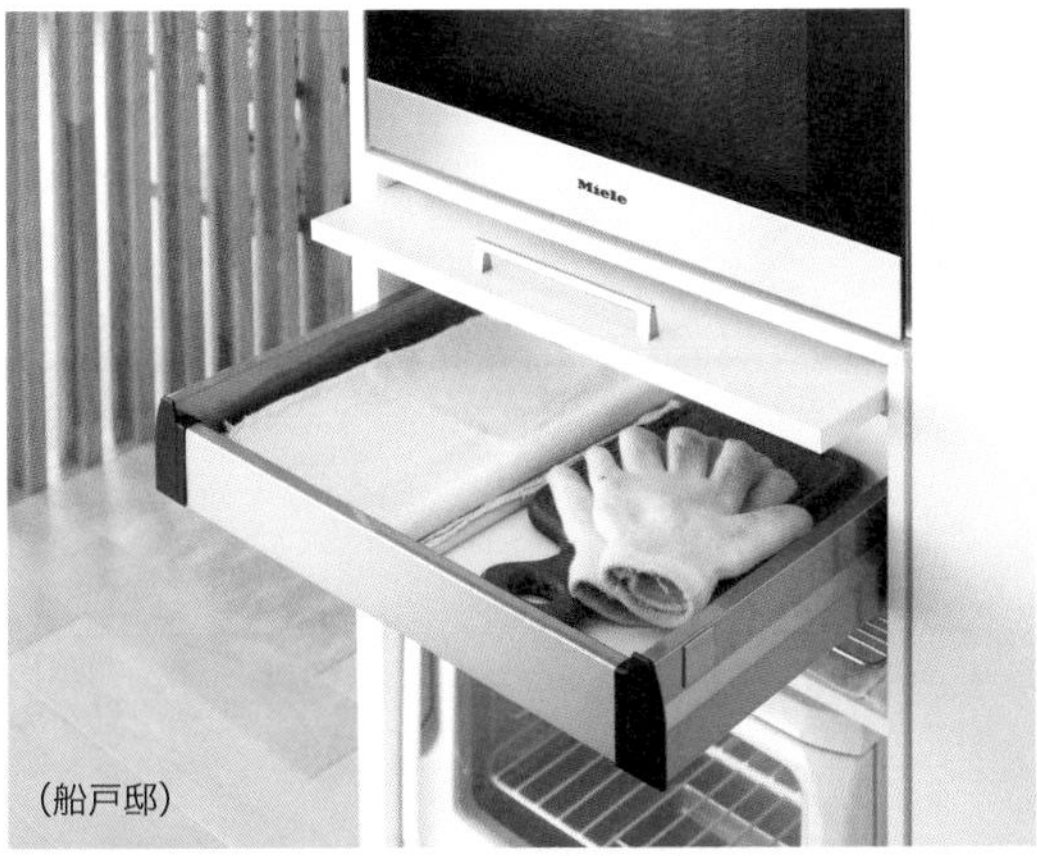

（船戸邸）

収納力を上げる

限られた面積でも、収納スペースを生み出すことは可能。棚を1枚増やすだけで、収納力はグンと上がります。これを、収納の「高密度化」と呼んでいます。物を減らすより、スペースを増やすことを考えましょう。

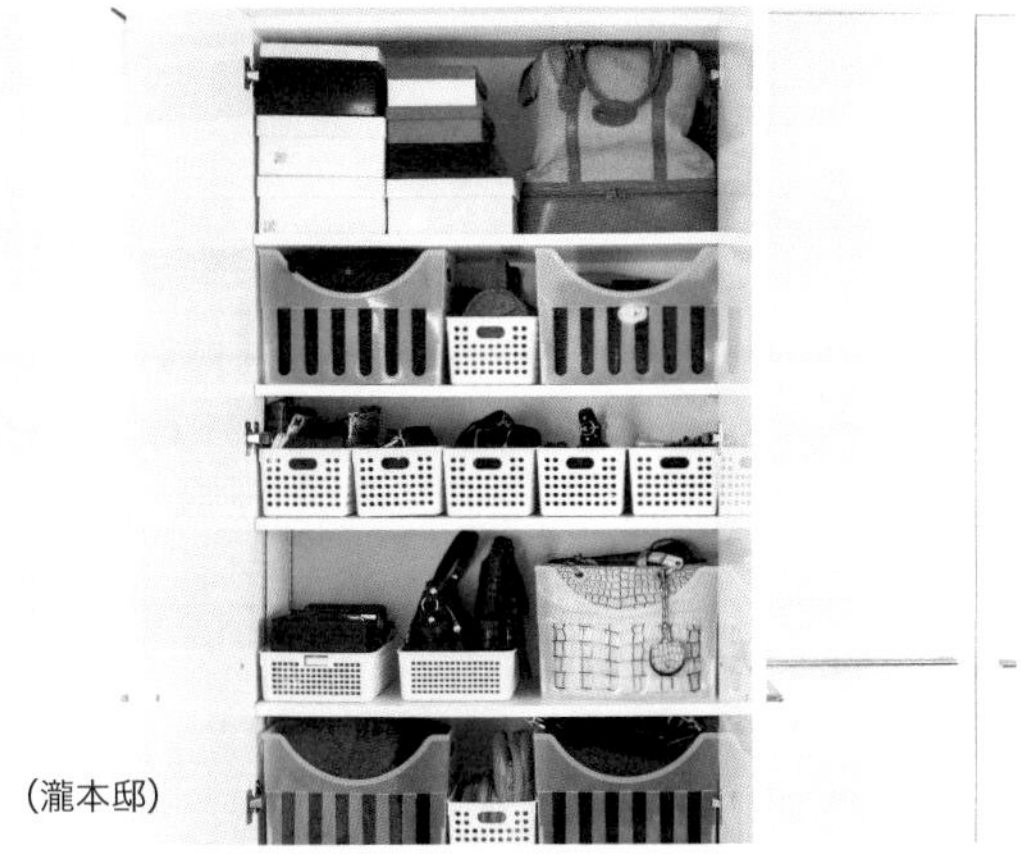

（瀧本邸）

見やすく・取り出しやすく

何かをどかさないと使いたい物が取れないようなしくみは、使いづらいものです。取り出しにくい場所は、戻しづらい場所でもあります。見やすく収納することで、探し物や「使い忘れ」も減らせます。

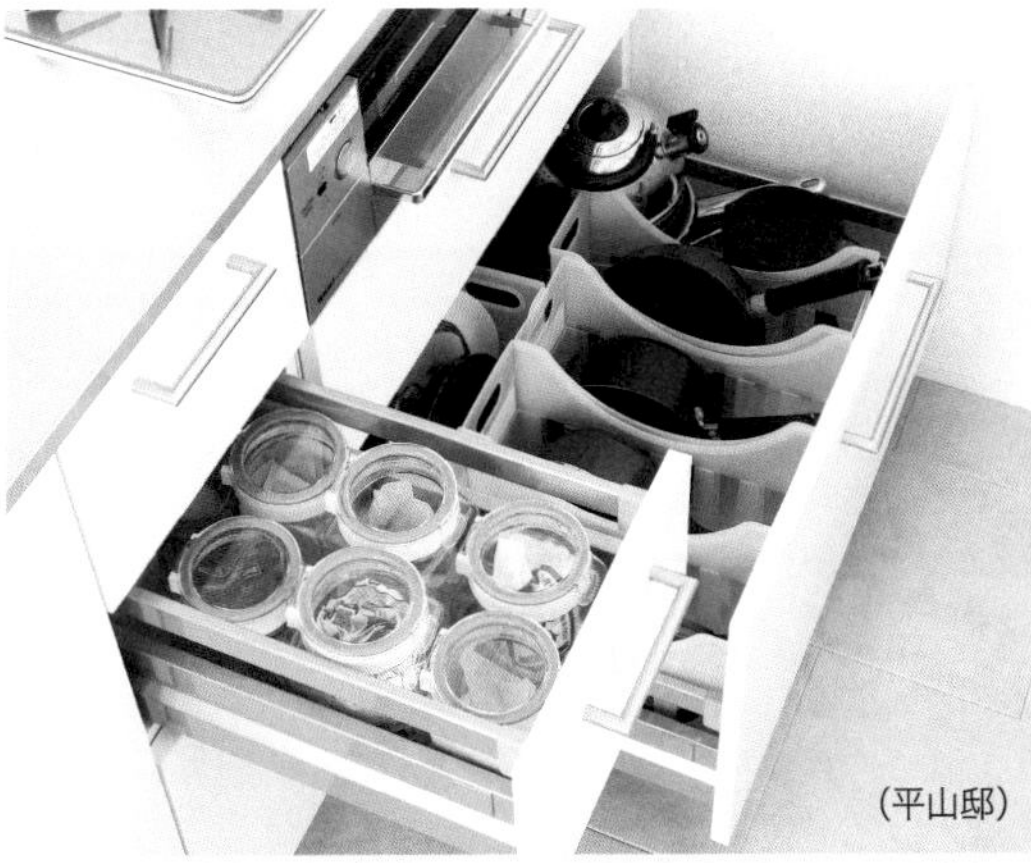

（平山邸）

指定席をつくる

どんな物にも、帰る場所が必要です。使う場所の近くにわかりやすい指定席を決めて、家族にも周知させるのが散らからない方法です。家電のように長く使う物には、サイズに合わせた収納場所をつくるのがおすすめです。

（小竹邸）

使うところにしまう

玄関にコートやバッグを置ければ家は散らからない

玄関のそばに、「コート掛け」をつくることをいつも提案しています。コート以外にもバッグや手袋、マフラーなど、外でしか使わない物をすべてここに収納しておければ、いちいちクローゼットに取りに行く手間が省けるので、外出の支度が早くなります。帰宅したときも、その場でコートやバッグを置いて部屋に入ることができるのは、快適です。このしくみがないと、ついついソファや椅子に一時的に置いてしまい、家が散らかる原因になります。

玄関脇に設けたコート掛け。リフォーム前の階段の一部を生かし、バッグやマフラー置き場に。(小宮邸)

玄関内に設けたオープンクローク。扉がないので出し入れもスムーズ。(小竹邸)

買い物、庭仕事……一日の行動に合った収納を設ける

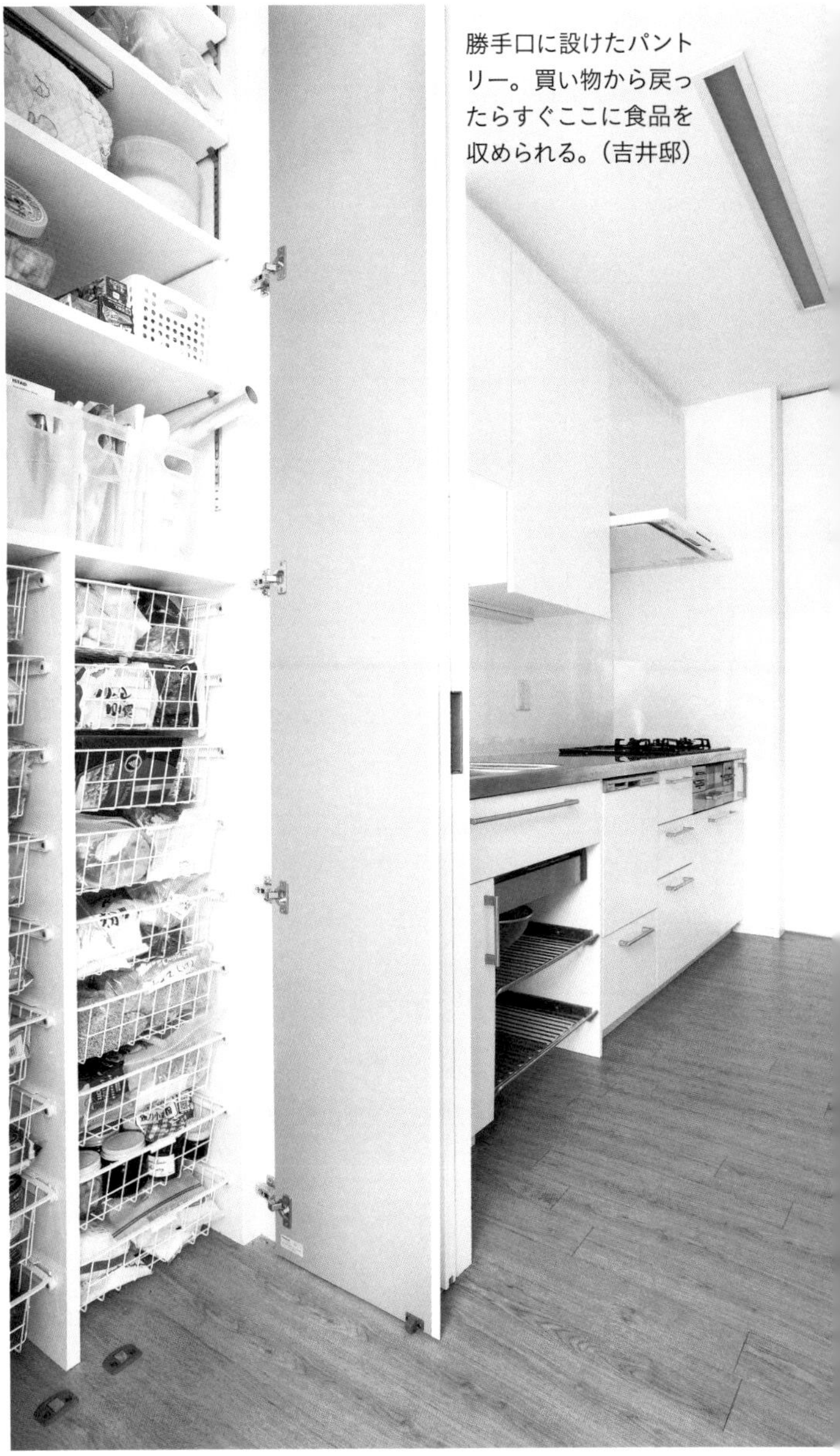

勝手口に設けたパントリー。買い物から戻ったらすぐここに食品を収められる。（吉井邸）

収納場所を考えるときには、自分のふだんの行動をシミュレーションしてみることが必要です。朝起きてから寝るまで、どこを通ってどんな作業をしているでしょうか。無駄に歩き回っていることに気づいたら、収納場所を見直してみます。勝手口の近くに大きな収納を設けるのは、よく提案するプランです。買ってきた食品をすぐ片づけられるよう、パントリーをつくったり、庭道具を置ける場所をつくると便利です。

吉井邸

BEFORE

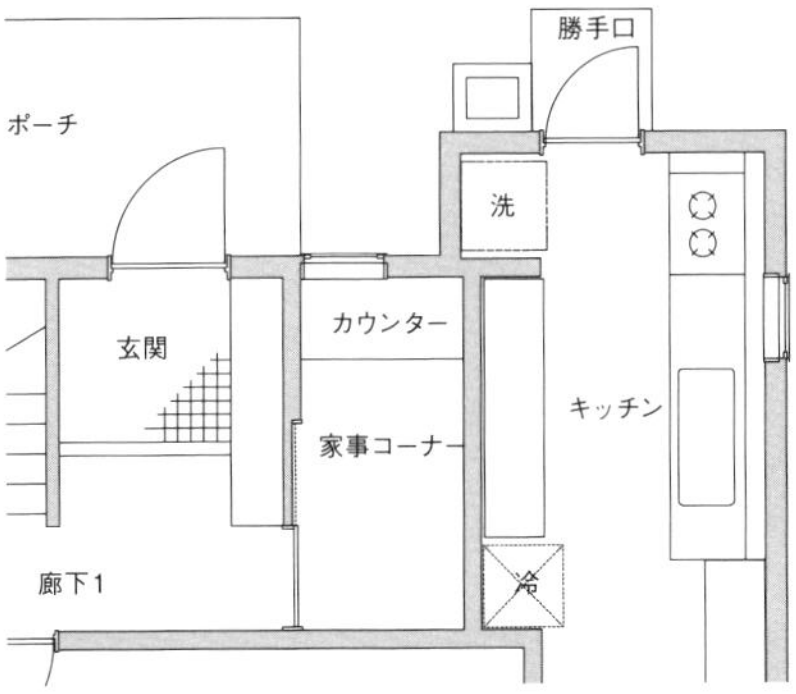

勝手口を入るとすぐにキッチン。収納がないので、買ってきた物をとりあえず床に置くこともあった。

↓

AFTER

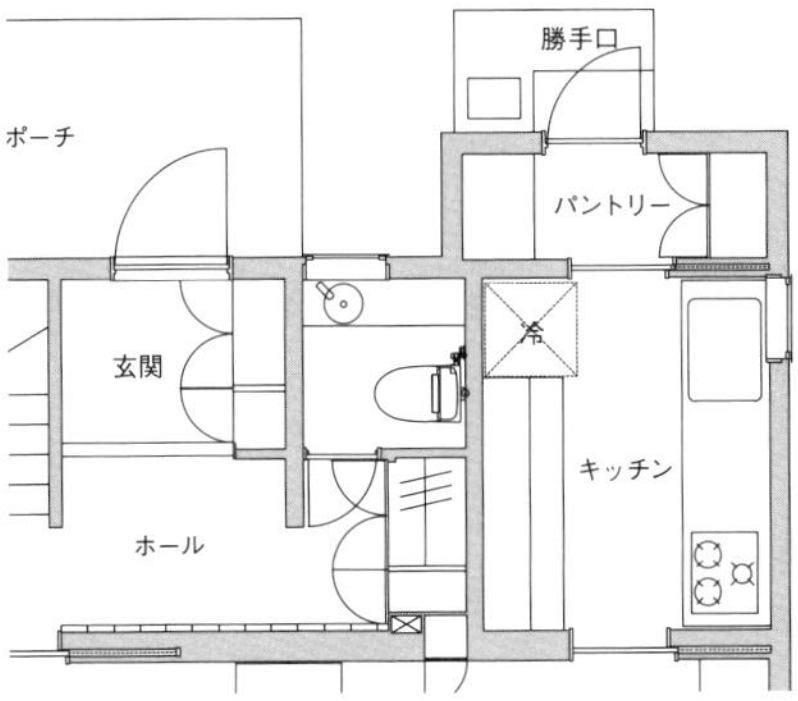

勝手口とキッチンの間に、高密度の収納棚を設置。勝手口を入って左の棚はパントリー、右の棚は、庭の道具の収納。

キッチンの裏側に設けたカウンター収納。取り皿や調味料など、ダイニングで使う物はすべてここに収納している。

ダイニング収納の充実で日々の暮らしが快適になる

家の中で最も家族が集まる場所であるダイニングルームの中心に、何も物が置いていないテーブルがあるというのは、気持ちがいいものです。食事や作業が終わったときには、ダイニングテーブルの上の物をすぐにリセットできるのが理想です。

そのため、ダイニングにはたっぷりのカウンター収納を設けることをおすすめします。たとえば対面式のキッチンの場合は、ダイニング側を収納に。壁側や窓側にも収納を設けられると、さらに片づきます。カウンタータイプの収納は、上に物を置けるので便利。少し低くすれば、パソコンのデスクとしても使えます。

齋藤邸

BEFORE

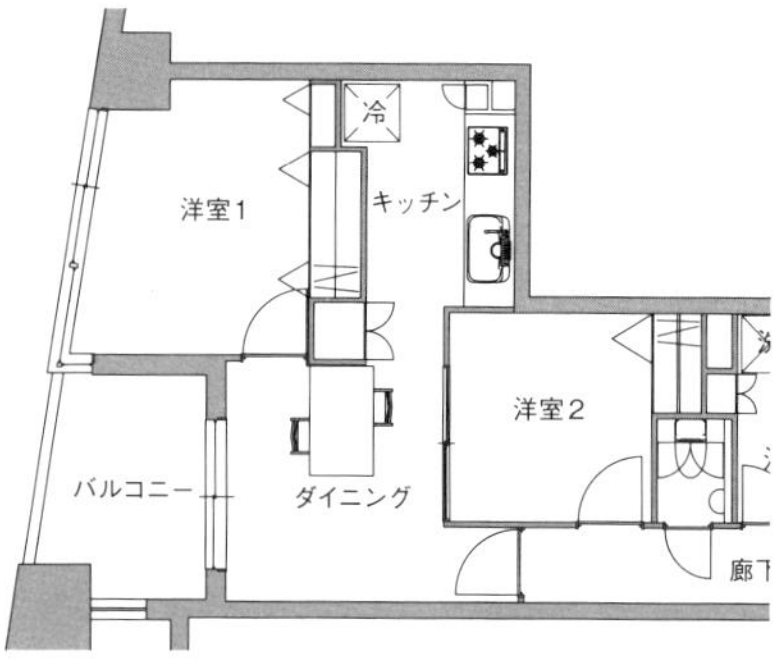

ダイニングとして使っていた部屋には収納がなかったので、テーブルの上に物を置きがちだった。

↓

AFTER

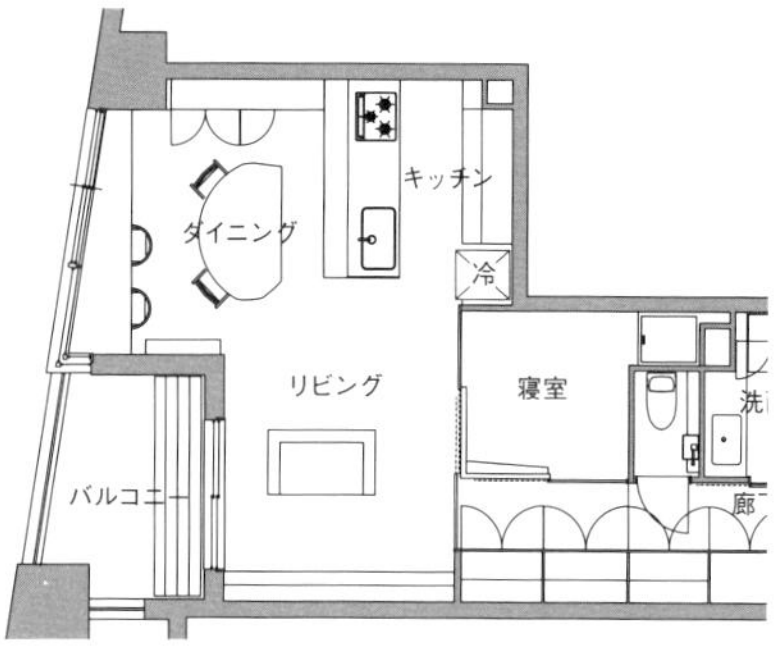

ダイニングの場所を変更。Lの字のカウンター収納を設け、ここで使う物が全て収まるように。

ダイニングで使う物はすべてダイニングに収納する

ダイニングの収納には、取り皿やカトラリーなど、食卓で必要なものをしまっておける場所があると便利です。ダイニングでは食事以外にも様々なことをします。新聞を読んだり、パソコンを使ったり、書きものをしたり。孫をよく預かる人は、ここで宿題をさせることもあるでしょう。ダイニングで使う物を、ダイニングにすべて収納しておければ、あちこち取りに行く必要がなくなり、元に戻すのもおっくうでなくなります。

いつもダイニングでアイロンをかけるので、アイロン道具の収納スペースもダイニングに。（柏木邸）

取り皿やカトラリーなど、食卓で使うものはダイニング側に収納。家族も手伝いやすい。（西邸）

COLUMN

扉の中の収納にはプラカゴが活躍

物を収納するときには、カゴなどを利用してアイテム別に分類をしておくと便利です。扉の中など、見えない場所の収納におすすめなのが、白いプラスチックカゴ。白は清潔感があるし、同じカゴで揃えると、扉を開けたときに統一感があって気持ちがよく、重ねてしまえるのも便利です。

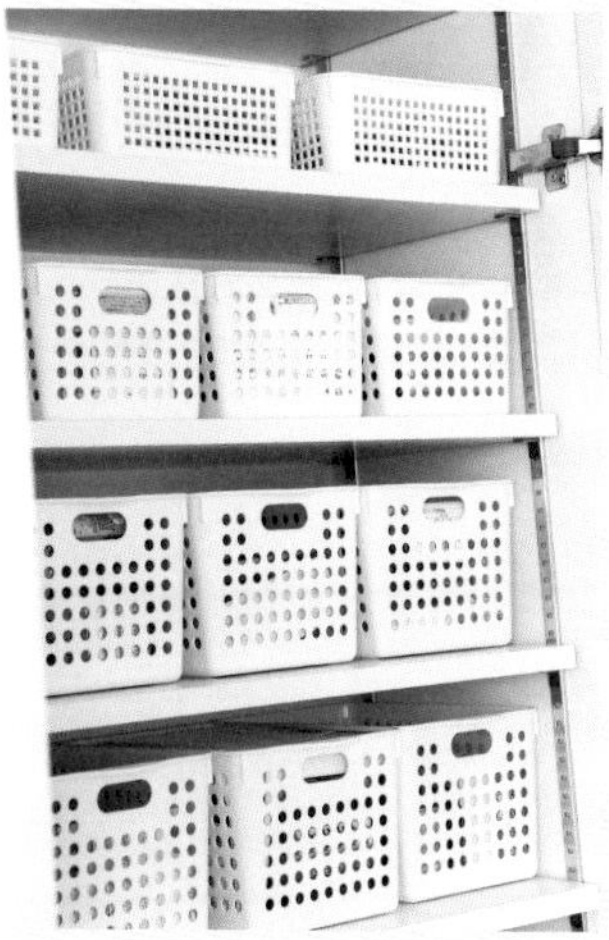

棚の高さはカゴに合わせて調節する。メッシュのカゴだと、中身が見えるので使いやすい。

収納力を上げる

キッチンの背面に、カウンター収納と吊戸棚を設けた。常に物が出ていない状態にリセットできる。

背面収納の充実で物が出ていないキッチンに

いつの間にか食器が増えてしまったけれど、なかなか処分できないという人は多いようです。大量の食器を収納するために、大きな食器棚を置いているお宅も少なくありません。しかし背の高い食器棚は存在感があり、部屋を狭く感じさせてしまいがちです。

おすすめなのは、キッチンにカウンター式の背面収納を設けることです。引き出し式だと奥行きが深くできるので、大量の食器を収められます。引き出し式の収納は、上からひと目で中を見渡せるうえ、食器を出し入れしやすいというメリットも。上部に奥行きが浅く、低めの吊戸棚を設けると、圧迫感がなく、さらに収納量も増やせます。

山本邸

BEFORE

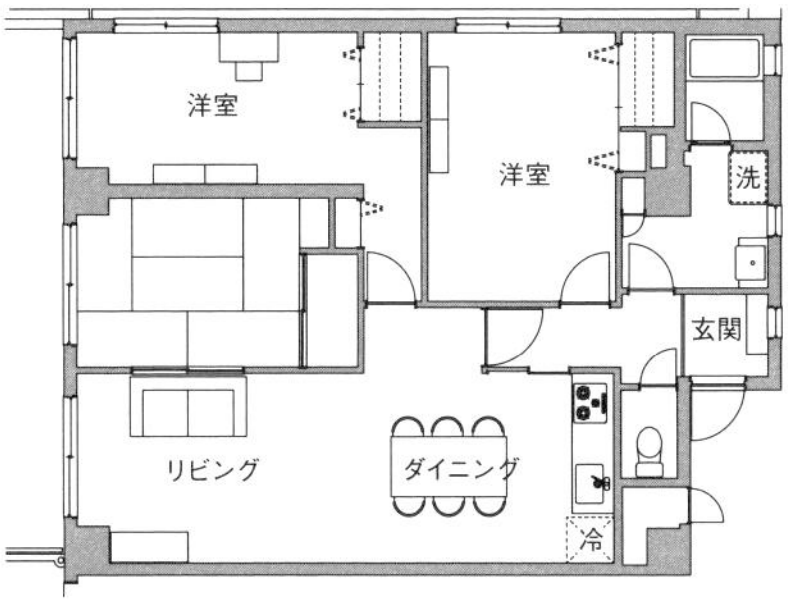

キッチンには造りつけの収納がないので、食器棚やキッチンラックを置くしかなかった。

↓

AFTER

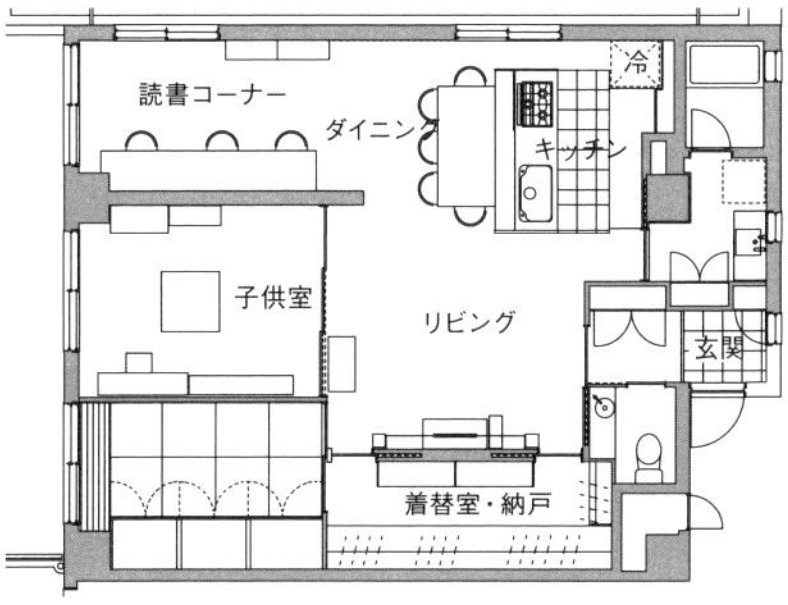

キッチンに背面収納と吊戸棚を設け、大量の食器類を収納。

ダイニング側から見える背面のカウンター。カウンターの上はいつもすっきり。

ただ通るだけの場所を収納に活用する

廊下に天井から床までのタワー収納を設けた。奥行き30㎝でも収納力は大。（中野邸）

廊下にオープン棚を設けて本を収納。家族で共有できるのも楽しい。（小竹邸）

階段の途中に設けた本棚。通るときに、懐かしい絵本などが目に入って楽しい。（小宮邸）

収納が足りないという家でぜひ検討してほしいのが、廊下や階段のスペースの活用です。「通路が狭くなる」と思われるかもしれませんが、壁面を30センチ凹ませるだけで収納がつくれます。長い廊下に天井から床までの収納棚を設ければ、かなりの物が片づきます。

天井に垂れ壁を設けずに、扉は天井や壁と同じ色にして、取っ手をつけないことで、存在感のないスッキリとした収納になります。棚の高さを自由に調節できるようにすれば、収納の中の空間を無駄なく活用できます。

COLUMN

棚の数を増やすだけで収納量は何倍にもなる

棚の数を増やすだけで、収納スペースはグンと拡大。物の高さに合わせて棚板の高さを調節すれば、無駄な空間をなくせます。

納戸をつくるなら玄関脇が使いやすい

和室のない家が多くなり、押し入れの代わりに納戸をつくるケースが増えました。納戸があると、季節の家電や、各居室に収まらない物を収納することができて、家の中が片づきます。壁面収納に比べて奥行きが深いので、棚やハンガーを設置して、見やすく出し入れしやすくする工夫が必要です。

納戸をつくる場所は、玄関脇もおすすめです。資源ゴミや宅配食品のケースのほか、庭仕事で使う物やアウトドア用品、コート類なども置いておけて便利です。

遠藤邸

BEFORE

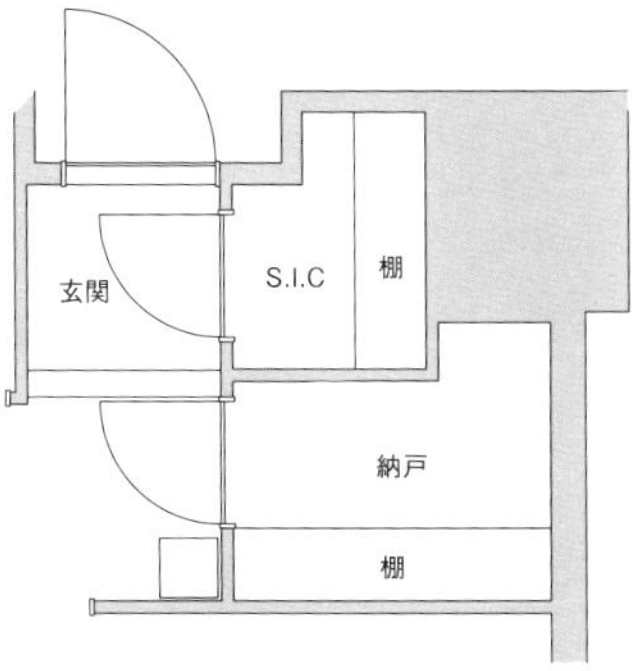

シューズインクローゼットと小さい納戸があったが、ドアの前に物が置けず、大きさがどちらも中途半端で使いづらかった。

↓

AFTER

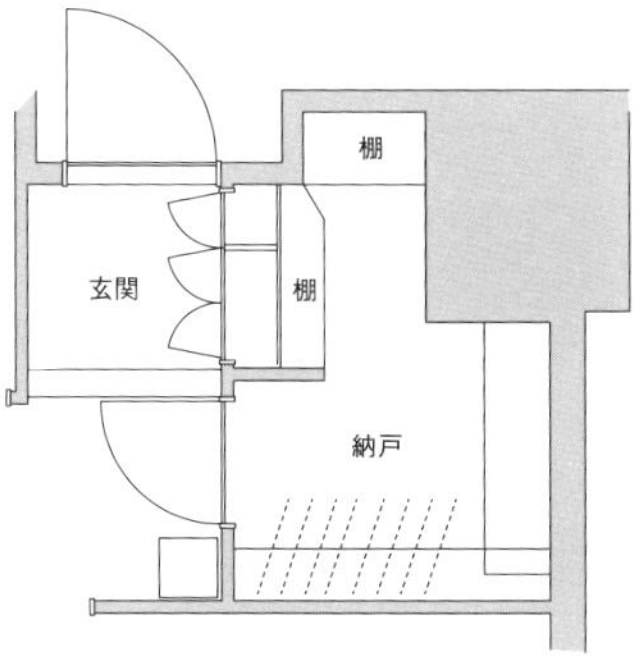

下駄箱は奥行きを浅くして使いやすく。その代わりに納戸を奥まで広げ、棚を設置。コート掛けも設けた。

奥には棚を、右壁にはハンガーパイプを設けた。掃除機や脚立、スーツケースなども置いておける。

下駄箱の右隣に納戸があると、コートクロークとしても使える。

見やすくする

衣類収納は**オープン棚にする**と一目瞭然

使いやすいクローゼットの形は、ライフスタイルによって異なります。洋服が掛けられるスペースがたっぷりあれば、たたまずに吊るして収納できるので家事がラクになりますし、洋服を選びやすくなります。それ以外のたたむ服は、引き出し収納にしている人が多いのですが、右写真のようなオープン棚にすると見やすく、出し入れがしやすくなります。衣類は目線より下の棚に収納するようにして、上の方には季節用品やバッグ類を収納します。

家族全員のウォークインクローゼット。反対側は一面吊るす収納になっている。（山本邸）

夫婦の寝室に設けられた壁面収納。衣類をアイテムごとに収納しているので見つけやすい。（芦田邸）

奥行きの浅い収納で持ち物が把握しやすくなる

奥行きが深い収納は、たくさん物が入るというイメージがあるかもしれませんが、実は使いにくいものです。奥に何が入っているか見えないし、奥の物を取り出しにくいので、シニアの方にとっては特に不便。収納は、「奥行き30センチ程度」をおすすめしています。浅いようですがA４の書類がピッタリ入るサイズで、思った以上にたくさん物が入ります。何より、入っている物がひと目で見渡せます。

奥行きが浅いから、奥の物を取り出しやすい。（金子邸）

奥行きの深い収納は奥まで使える工夫をする

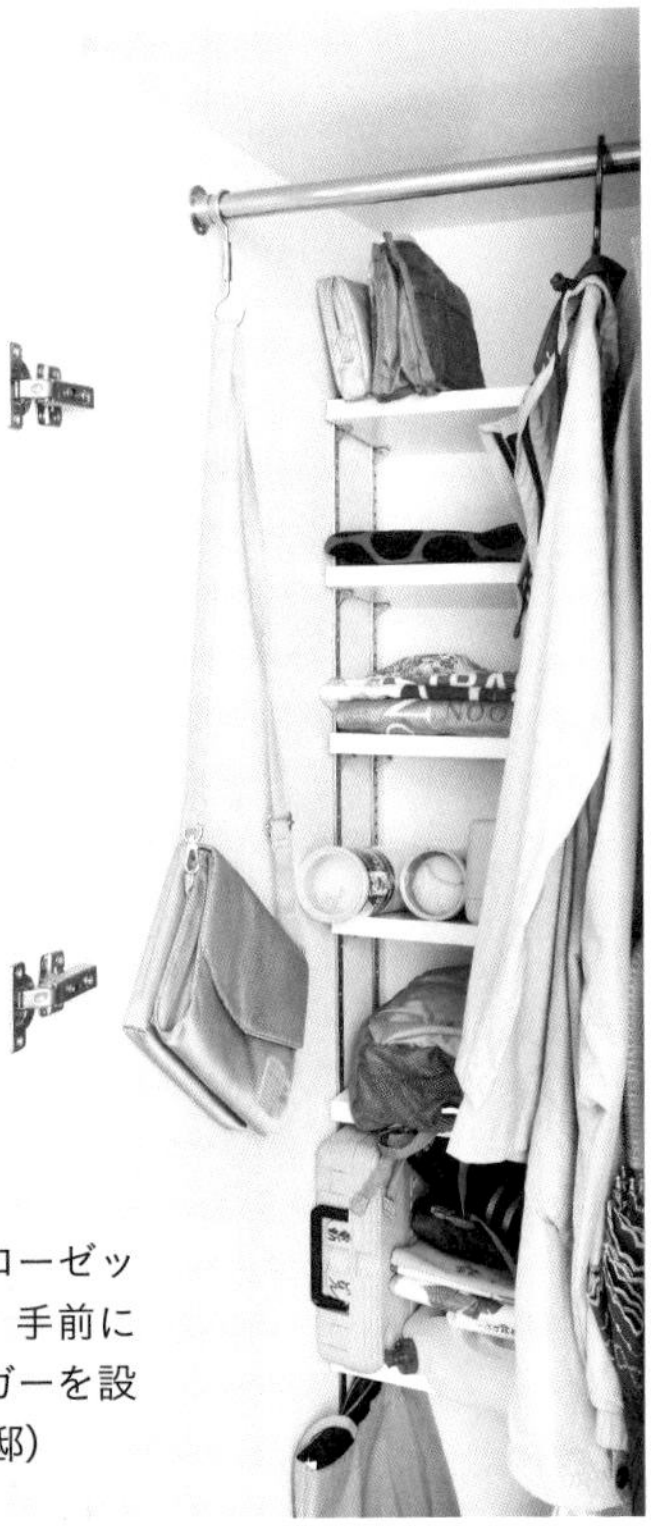
廊下にあるクローゼット。奥に棚を、手前にはパイプハンガーを設置した。（沼尻邸）

納戸や押し入れなど、奥行きの深い収納は、奥が見えなくなったり、無駄な空間が出やすいので、工夫が必要です。

上手に活用するためには、棚やパイプハンガーを使って立体的に収納することです。

収納の奥の壁や側面には棚を設置します。さらにパイプハンガーを渡すことで、収納量を増やすことができます。手前にワゴンを置くと、奥の物が取り出しやすく、空間も有効に使えます。

パントリーは目線から下を**引き出し式にすると**使いやすい

キッチンの背面カウンターに組み込んだパントリー。大きなパントリーが設けられない場合の解決策。（柏木邸）

上はオープン
半分は網カゴ
出しに。（坂本

キッチンに大容量のパントリーがあると、たくさんの食品や飲料などを保管しておくことができます。理想は、天井から床までのタワー収納のパントリーです。とはいえ、パントリーが大きすぎるとつい買い込み過ぎたり、在庫を把握しきれなくて食品が賞味期限切れになってしまうことが多いので、注意が必要です。

在庫を管理しやすくするために、パントリーの中は、目線から下を網カゴの引き出し式にすることをおすすめします。入っている物がひと目でわかるので、便利です。逆に上のほうは棚にすると見やすく、出し入れもしやすくなります。

指定席をつくる

物の大きさに合わせて**指定席をつくる**

指定席が物の大きさにピッタリ合っていると、美しく見えますし、空間を無駄なく使うこともできます。

リフォームで収納をしつらえる際には、そこに置く物の大きさを意識しながら棚の大きさを決めるとうまくいきます。キッチンの家電など、存在感があって長く使う物にはとくにおすすめです。炊飯器などは、使うときだけ引っ張り出せるスライド式の棚に置くのもいい方法です。カウンターの上に電子レンジなどを置く場合は、必要寸法をとったうえで上部に棚や吊り戸をつくると、使いやすく、収納量も上がります。

オーブントースターの指定席は、ダイニングのカウンター収納の中。(柏木邸)

長靴の高さに合わせて設えた棚。扉の外に出ているので、濡れたままの長靴も置ける。(岡崎邸)

炊飯器、ホームベーカリーは、サイズに合わせてスライド式の棚を設けた。(平山邸)

Renovation 3　自然に片づく家にする

よく使うものは**ワンアクションで取れる工夫**を

鍋やフライパン置き場をオープンに。壁を凹ませて調味料棚を設けた。（浦崎邸）

ダイニングにあるプリンター置き場。使いたいときに片手で引き出せる。（齋藤邸）

ダイニングの隅にあるゴミ箱置き場。目立たないが手が届きやすく、使いやすい場所。（米崎邸）

目につくところにある収納は、できるだけ存在感をなくすのが理想です。物が扉の中に収まっていると、スッキリして見えます。しかし欲しい物を取るときに、いちいち「扉を開ける」という動作が必要な収納は、頻繁に使うものには向きません。よく使うものは、手を伸ばすだけで届く収納を工夫するとよいでしょう。とくにキッチンでは、手が濡れたままで作業することも多いので、扉がないオープンな場所によく使う鍋やボウルがしまってあると便利です。出し入れが負担にならないうえ、作業時間も短くなります。

Renovation_4

夫婦のストレスを減らす

夫婦のどちらかに我慢を強いるような住まいは、よい住まいとはいえません。住まいは、夫婦二人ともが居心地よく過ごせる場所であるべきです。どんなに仲のいい夫婦であっても、家の中に一人になれる居場所があるのは、とても大事なことのように思います。夫婦が賢く距離を取りながら暮らせる間取りを考えてみましょう。

（青木邸）

（芦田邸）

それぞれの居場所をつくる

限られたスペースを書斎に

夫婦それぞれに自分専用の小さな書斎があると、暮らしが快適です。仕事や趣味、勉強などをしたいとき、家族と離れて一人になりたいときに、自分だけの居場所があるとホッとできます。限られたスペースでも、アイデア次第で居場所はつくれるものです。

身支度をスムーズに

クローゼットや洗面室を見直す

年齢を重ねていくと、身支度に時間がかかるようになってきます。衣類の収納がわかりにくかったり、着替える場所がなかったり、身づくろいをする場所が狭かったりすると、なかなかスムーズにできません。リフォームは、こういった身支度動線を見直すよい機会です。

（米崎邸）

（浦崎邸）

寝室を分ける

引き戸などでゆるく仕切る

深い睡眠は、健康のために欠かせないものです。パートナーのたてる音や動きなどが気になって熟睡できないという場合は、寝室を分けるのも一案。まったく別の部屋ではなく、部屋をゆるく仕切るプランだと、何かあったときに安心です。

それぞれの
居場所をつくる

キッチンの隣に設けた、妻の書斎。吊戸棚に本や書類を収納することができる。（小宮邸）

シニア世代の場合、夫には書斎があっても妻にはないという家は多いものです。そういう家では、妻が書きものなどをするときはダイニングテーブルを使います。しかし食事のたびにいちいち片づけるのは面倒ですし、物が散らかる原因にもなります。リフォームするなら、小さくても、自分専用のコーナーをつくるべきです。キッチンに立つことが多い人は、キッチンの近くにカウンターを設けると、家事をしながら作業ができるので便利。ここには、書類や文房具などの収納も必要です。

キッチンの隣に書斎をつくる

壁に向かっているので、集中して作業ができる。収納もたっぷり。

岡崎邸

BEFORE

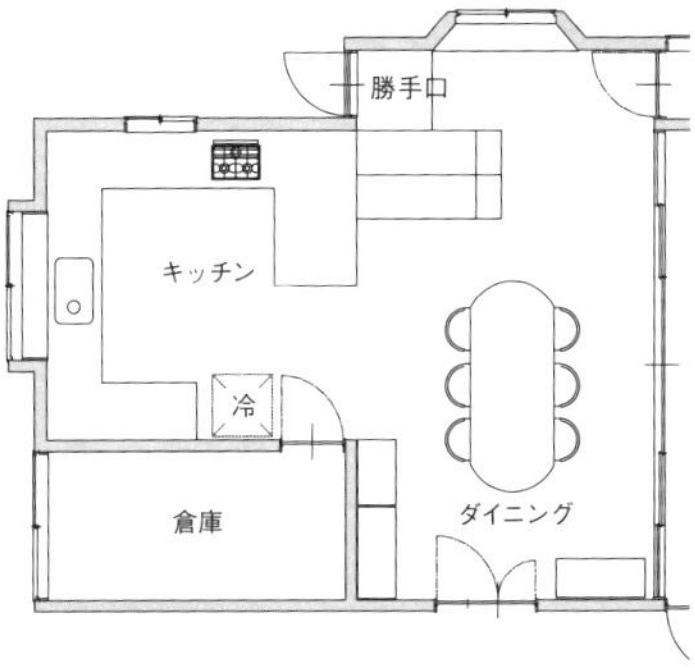

書きものやパソコン作業をすることが多いが、専用の場所はなく、ダイニングテーブルを使っていた。

↓

AFTER

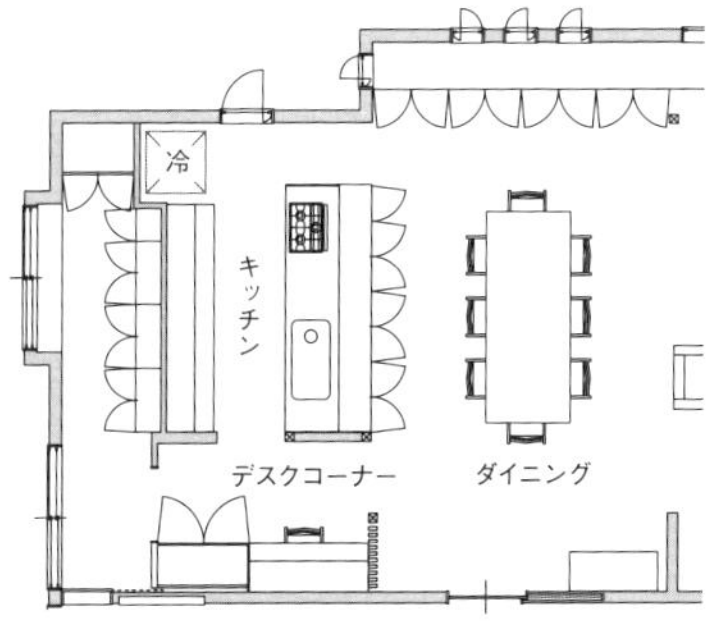

キッチンの脇に、妻専用の小さい書斎を設けた。ダイニングが散らかることもなくなった。

キッチンから見た景色。突き当り左が妻の書斎。隣には、お茶を入れるコーナーがある。

空いた居室を書斎にする

長い年月の間に、家族は入れ替わるものです。成長した子どもが家を出ていったり、老親を見送ったり。空いた居室を物置きにしてしまっている家もありますが、もったいないと思います。おすすめなのは、リフォームによって書斎として活用するプランです。書斎にベッドやクローゼットなどは必要ないので、広々と使えます。大きな本棚をしつらえるのもいいでしょうし、広いデスクを置くのもいいでしょう。リモートワークをする人にとっては、最適の仕事部屋になります。

小宮邸

BEFORE　3階

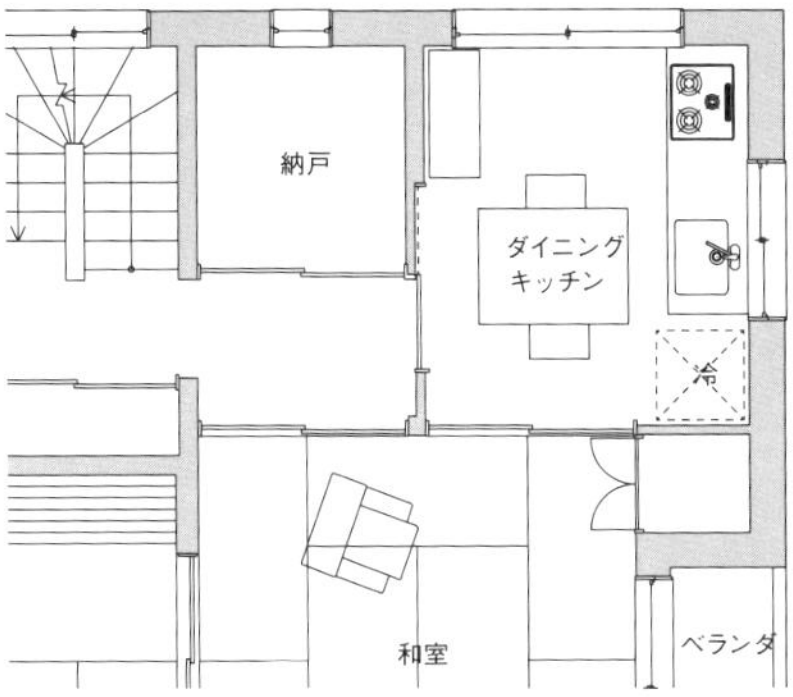

両親と同居していたときは、親世帯のダイニングキッチンと納戸があった、3階のスペース。

↓

AFTER　3階

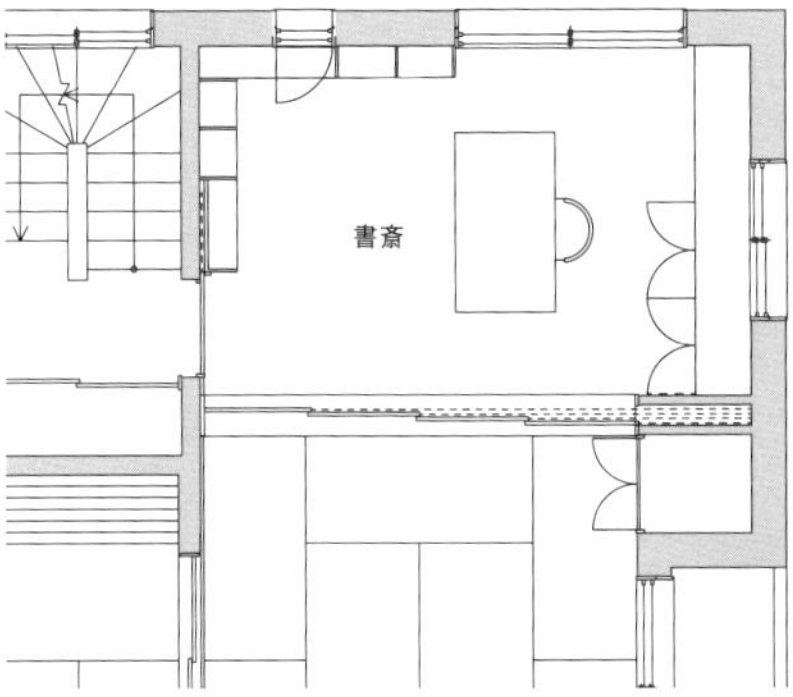

夫婦2人の暮らしになり、3階には夫の書斎をつくった。

居室の中央に大きなデスクを設置。壁に向かうのではなく、目の前が開けているので気持ちがいい。

コンセントはデスク下の床に埋めて、コード類ができるだけ表に出ないようにした。

身支度をスムーズに

クローゼットが別々にあると使いやすい

クローゼットは寝室などにあることが多いものです。クローゼットが1カ所で、夫婦の衣類が一緒においてあると、探しにくく、出し入れに時間がかかります。同じ場所で一緒に身支度をしなければならないこともあり、不便です。スペースがあるなら、夫婦のクローゼットは個別に設けると快適になります。自分の場所は各自で管理することにすれば、どちらかに家事の負担が偏ることもなくなります。

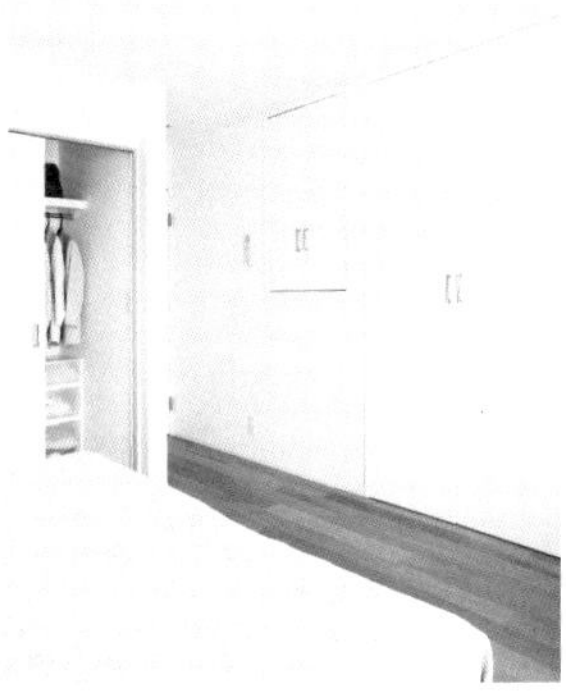

左のウォークインクローゼットは夫用。右の壁面クローゼットは妻用。（島田邸）

ベッドの足元に、夫婦それぞれのウォークインクローゼットがある。（岡崎邸）

クローゼットが1カ所なら 通り抜けられる 動線にする

キッチンからクローゼット、洗面室、浴室へとつながっていて、廊下を通じて回避動線になっている。

夫婦のどちらかが主に家事を担っている家庭では、クローゼットを1カ所にすると、衣類の管理がしやすくなります。クローゼットは寝室にある場合が多いのですが、洗面室の隣にあるのも、身支度動線が短くなって、便利です。さらに回避動線になっていると、二人同時に使う場合にもぶつからずに出入りできるのでスムーズに。寝室の隣にウォークインタイプのクローゼットを設ける場合も、通り抜けられるつくりだと快適です。

小林邸

BEFORE

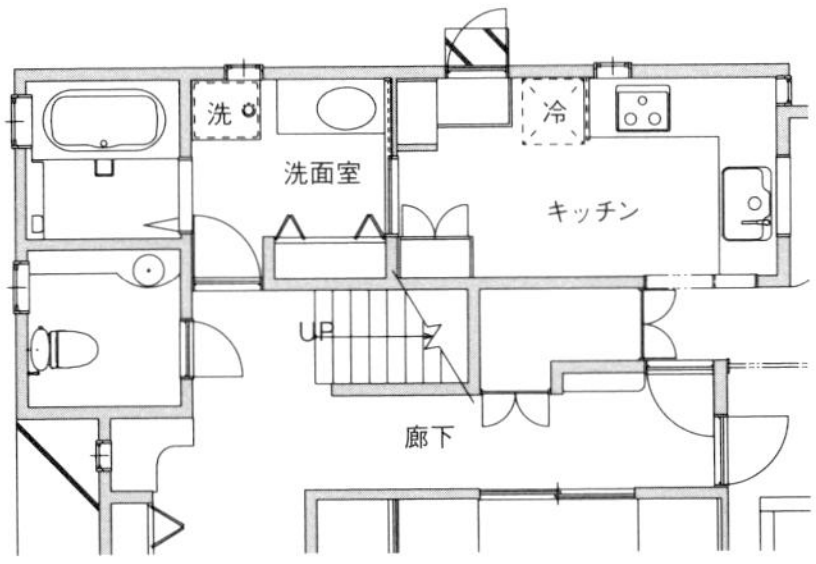

クローゼットは2階の寝室にあったので、服を1階の和室に脱ぎっぱなしにすることもあった。

↓

AFTER

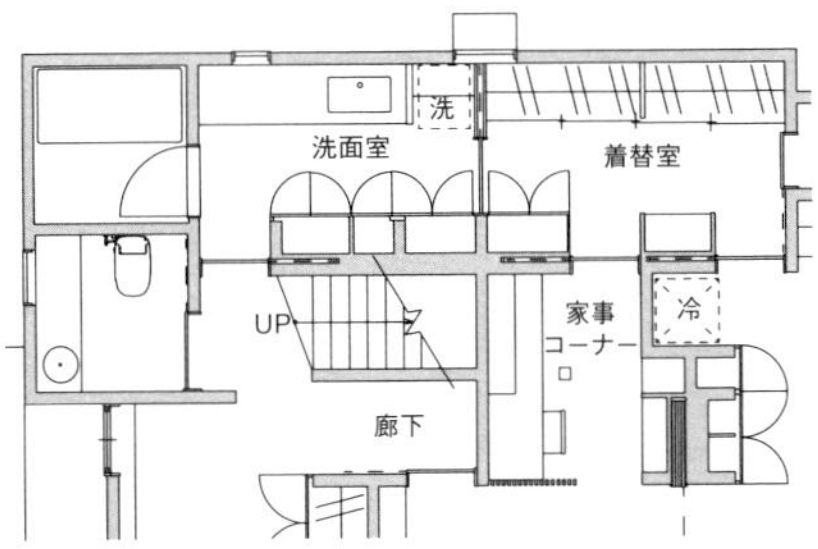

洗面室の隣にクローゼット（着替え室）を設け、回避動線にしたことで、身支度がスムーズに。

洗面カウンターを広げて多目的に使う

スペースに余裕があれば、洗面カウンターはできるだけ広くすることをおすすめします。二人で同時に洗面室に立って身支度ができるので、忙しいときにも便利です。カウンターの上で、洗濯物をたたんだりアイロンがけをすることもできます。カウンターの下はオープンにすれば、椅子を置いて、座ってメイクなどができるのでラクです。

リフォームで洗面室を2階に移動し、明るい空間に。コンタクトレンズの装着をするときもスムーズに。

浦崎邸

BEFORE　1階

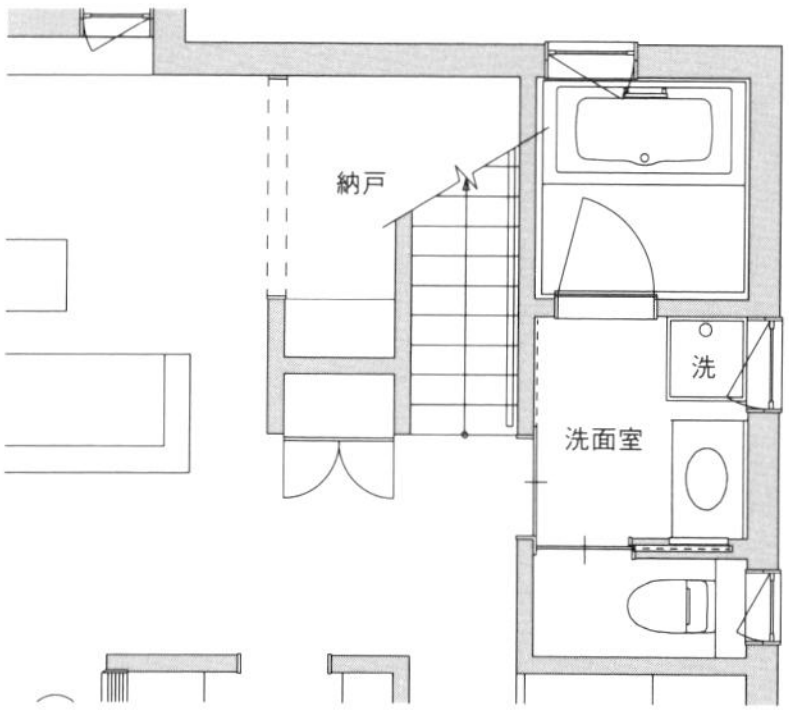

洗面室は1階にあったので暗く、カウンターが狭いので、一度に一人しか立てなかった。

↓

AFTER　2階

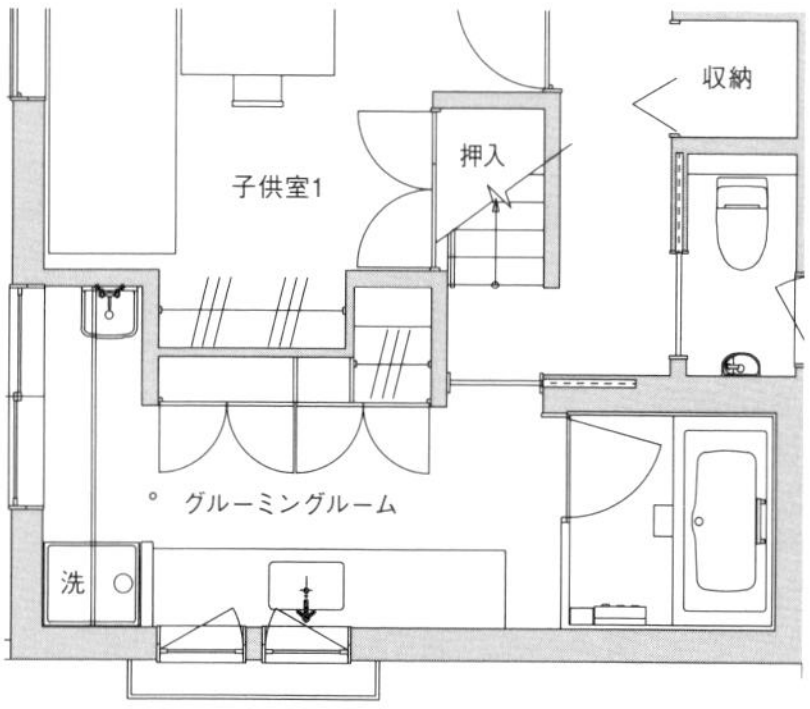

2階の日当たりのいい場所に移動。カウンターを広くして、二人で悠々と使えるように。

洗面カウンターの背面には広いクローゼットがある。身支度動線が短くて快適。

洗面室には洗濯物を吊るすスペースも。カウンターの上でアイロンがけや洗濯物たたみもできる。

寝室を分ける

引き戸を仕切れば、別々の寝室として使うことができる。

1つの寝室を引き戸でゆるくしきる

シニア世代では、寝室を別にする夫婦も多いようです。しかし寝室が離れていると、相手の体調の異変に気づきにくくなるなど、心配なこともあります。そんなときにおすすめしているのが、2つのベッドの間に引き戸を入れるプランです。ふだんはひと間の寝室ですが、寝るときだけ引き戸を閉めれば、別々の寝室として使えます。どちらかが体調が悪いときは、引き戸を開けて寝ることもできるので便利です。

メイクスペースも設けた。妻の寝室は洗面室ともつながっているので快適。

小竹邸

BEFORE

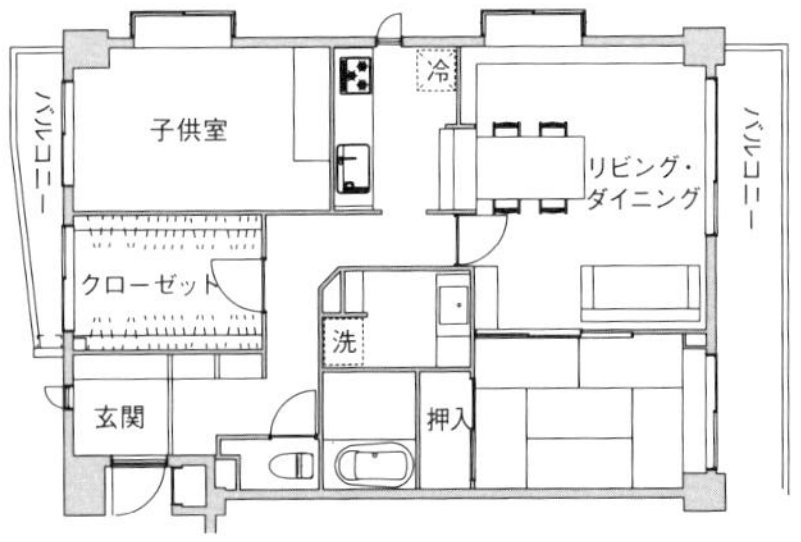

和室で布団を敷いて寝ていた。

↓

AFTER

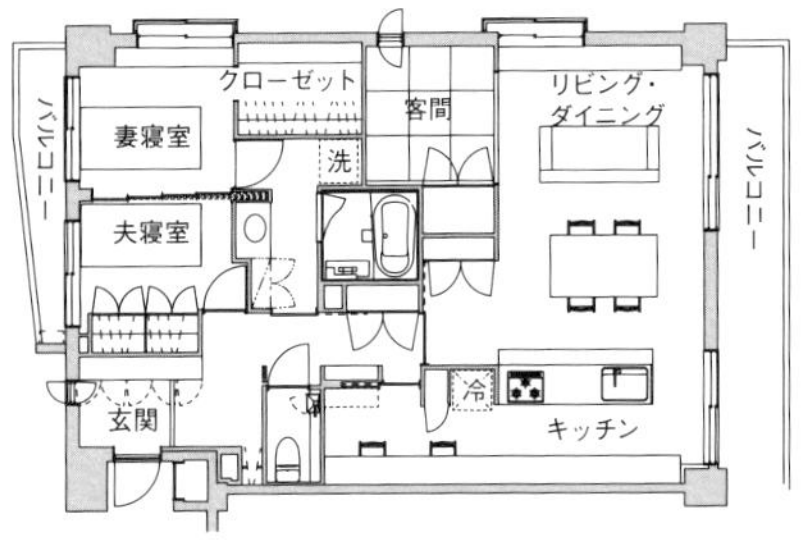

引き戸で仕切れば、2つの寝室になる。それぞれの寝室にクローゼットを配置した。

それぞれに寝室があれば眠りが快適に

寝室を完全に別にすることで、相手の物音を気にせず、エアコンも自分の適温で休むことができます。もうひとつ寝室をつくるには、納戸だったところを寝室にしたり、子どもが出て行ったりして空いた部屋を活用するなどの方法がありますす。この場合は、クローゼットや収納も分ければより快適になります。

寝室を別にしたことで、「好きなだけベッドで本を読むことができるようになった」「お互いの寝起きのリズムが違っても気にならないので、快適に過ごせるようになった」という声があります。

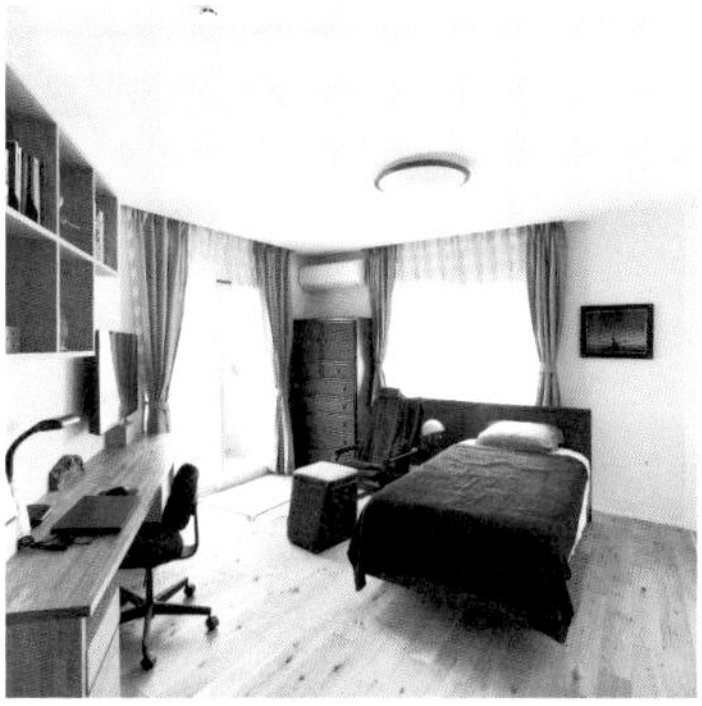

夫の書斎兼寝室をつくり、ベッド脇にパーソナルチェアを置いた。以前は書斎がなく、ダイニングでパソコンを使っていた。

坂本邸

BEFORE

同じ部屋で寝ていたが、お互いの寝起きのリズムが違うので気を遣うこともあった。

↓

AFTER

二人の寝室だったところを、夫の書斎兼寝室に。妻の寝室は洗面室の近くに設けた。

長女の寝室だった6畳の部屋を、妻の寝室に。正面の壁にはお好みのアクセントクロスを貼った。

ペットと幸せに暮らせる家にする

ペットを飼う世帯の増加にともない、ペットを飼えるマンションも増えています。
人間もペットも快適に過ごせる家にする方法を考えてみましょう。

家族の一員として必要な設備を考える

ペットを飼っている家では、ペットの寝室、食事スペース、トイレなどが必要になります。こういった設備がフォーカルポイントにあったり、家族の生活動線の邪魔になっている場合も多いものです。一方ペットにとっては、自由に動き回れるスペースが少ないことがストレスになる場合も。理想は、人間がペットのために我慢することなく、ペットもストレスをためずに暮らせる間取りです。リフォームで、両方が幸せになる家に近づけることは可能です。

階段下の変形スペースを利用してつくった愛犬の寝室。（坂本邸）

01 お世話スペースを設ける

ペット専用の食事場所がない家は多い。キッチンやダイニングの床に皿を置いているのも、よく見かける。しかし床にペットの食事を置くと、人間の動線の邪魔になることがある。リフォームでペット専用の食事場所を設けると、人にもペットにも快適に。

ダイニングのラックの一部を食事スペースに。頭を入れられるので、ご飯が飛び散らない。（押切邸）

キッチンのパントリーの下をオープンスペースにして、愛猫のごはん台置き場に。（福山邸）

02 自由に動き回れる工夫をする

リビングのテレビ台の周りに、同じ素材でキャットウォークを設置した。(飯澤邸)

家の中が遊び場である小型犬や猫たちのためには、のびのび動き回れる工夫が必要。リフォームで、運動できるような場所をつくったり、部屋を行き来しやすようにすることができる。また、ドアに小さいくぐり戸を設けることで、ペットのために扉を開けたり閉めたりする必要がなくなるし、冷暖房の効きが悪くなることも防げる。

ドアを閉めたままでもペットが出入りできる、くぐり戸を設けた。(福山邸)

床の素材に気をつける

走り回ったり跳ねたりするペットにとって、滑りやすい床材はストレスに。足腰に負担がかかり、健康に悪影響を及ぼすことがあるので注意を。

[COLUMN]

03 必要な収納をつくる

ご飯やおやつ以外に、ペットの世話をするための物は思った以上にたくさんある。ペットシーツやシャンプーセット、リード、おもちゃなど。それらの物にも指定席は必要。使う場所の近くに収納をつくると、使い勝手がよくなる。たとえば散歩のためのグッズ置き場が玄関にあれば、サッと出かけられるので便利。

玄関収納の一部に、愛犬と散歩に出るときに必要なリードやおもちゃを収納するスペースを設けた。(押切邸)

Renovation_5

こだわりや趣味を大切にする

「時間に追われながら家事をしていた時代もあったけれど、これからはもう少しゆっくり暮らしを楽しみたい」。そんな人も多いのではないでしょうか。自分の好きなことがはっきりわかっているのも、シニア世代リフォームならではの楽しさです。趣味のためのスペースや、大切な物の居場所について考えてみましょう。

（小竹邸）

（中岡邸）

趣味を楽しむ

空いた子ども部屋などを活用

「仕事をリタイアしたら、趣味に時間を使いたい」「新しい趣味を始めたい」という人もいるでしょう。空いた子ども部屋を趣味のための部屋にするのもおすすめです。ダイニングやリビングの片隅でやっていたことが、自分だけのスペースでできるようになったらもっと楽しくなります。

大切な物の居場所をつくる

暮らしの中で目に触れる場所に

長い年月の間には、少しずつ集めてきたお気に入りの物や、大切な思い出の物もたまってきているはずです。納戸にしまい込んでしまわずに、専用の場所をつくりませんか。大切な物が自然に目に入ってくる生活は、心地がいいものです。

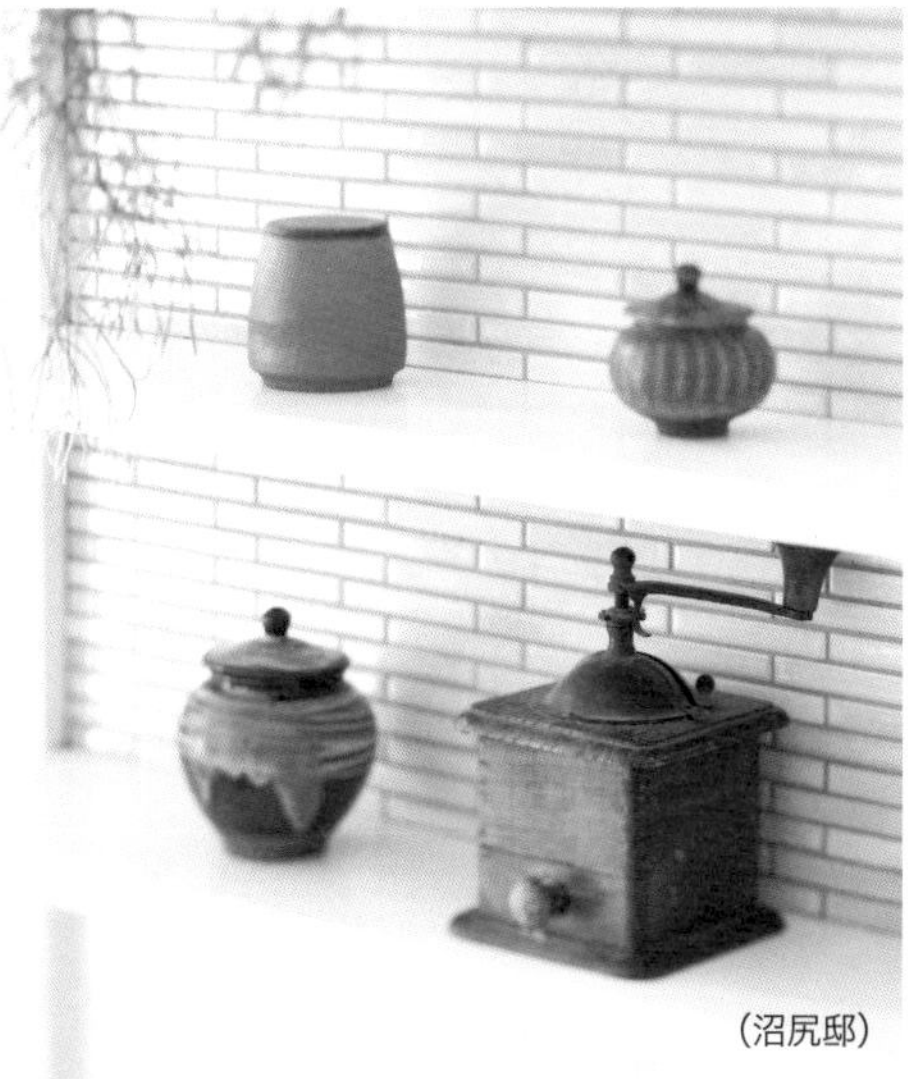
（沼尻邸）

（藤田邸）

自分のこだわりを大事にする

どう過ごしたいかを形にする

暮らしにおいて大切にしたいことは、一人ひとり違います。「自分らしい」住まいの形を考えてみましょう。リフォームとは、自分に合わせて住まいを変えることです。自分のこだわりを取り入れた家では、毎日をより生き生きと過ごせるようになるはず、住まいへの愛着も深くなるはずです。

趣味を楽しむ

家族が減って空いたスペースを活用して趣味室に

妻がポーセリンアートの作品をつくるための部屋。左手前は磁器を焼く電気釜。

趣味を楽しむ場所はどこでしょう。ダイニングテーブルやリビングの片隅だと、なかなか没頭することができません。子どもが自立するなどして空いた部屋や、納戸にしていたスペースを利用して、趣味室をつくってみませんか。

一人になれる空間で好きなことに没頭できるのは、思った以上に快適です。思いきり道具を広げても、家族に迷惑をかけることはありません。

芦田邸

BEFORE

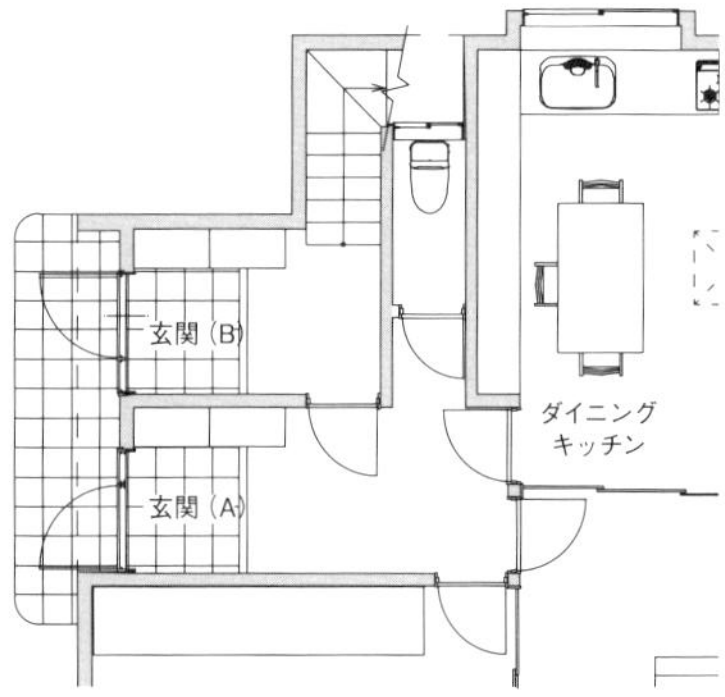

専用の部屋はなく、ダイニングテーブルなどで作品作りをしていた。電気窯を置く場所もなかった。

↓

AFTER

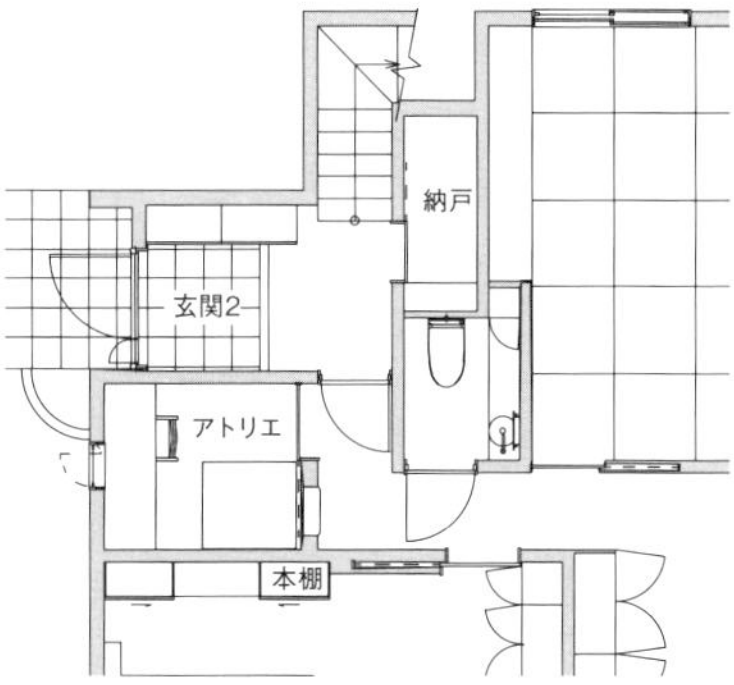

玄関を移動し、空いたスペースを制作室に。電気釜も設置できた。

妻のためのピアノ室。リフォームで窓の防音機能を高めた。(日野邸)

夫が趣味のDIYをするための工作室。亡くなった父親が事務所にしていたスペースをリフォーム。(小宮邸)

妻のための書道室。以前は寝室として使う和室だった場所。(小宮邸)

読書好きの妻の希望で、リビングの壁一面に大容量の本棚を設置した。（西邸）

読書三昧の老後に備え 大容量の本棚を設置

シニアリフォームでは、「大きな本棚をつくってほしい」というご要望もよくあります。「溜まった本を処分したくない」「もう一度読み返したい」という方も多いようです。そんなときは、リビングの壁や、書斎の壁一面に本棚を設置します。本棚の高さは、天井まではなく手が届くところまでにします。本は積み重ねておくのではなく、見やすく並べることでますます愛着がわきます。「こんな本があったな」と思い出せることもよくあるようです。

ダイニング横のワークスペースの背面に、大きな本棚を設置。他の家族の目にも触れやすい。（山本邸）

着物を着るためのスペースを設ける

着物が趣味という方や、老後はもっと和服を楽しみたいと思っている方も多いと思います。そんな方はリフォームで、和服用のクローゼットや、着付けしやすいスペースをつくるのもおすすめのアイデアです。せっかくの着物も、出し入れしにくい場所にしまってあると、着る機会が少なくなってしまいます。

和服用のクローゼットを設ける場所は、寝室にこだわらず、明るい部屋がおすすめです。クローゼットのそばに大きな鏡を設ければ、着付けがスムーズになります。袖を通した着物を掛けて風を通す場所があると、尚よいでしょう。

リビングの一角に設けた、和服のクローゼット。よく使う帯はバーに掛けて収納できる。（中岡邸）

（上）和服をよく着る夫婦のため、ダイニングの隣に畳の部屋をつくった。大きな鏡で着付けがしやすい。（右）その続きにある北側の着物室。着物を吊るせるスペースもある。（飯澤邸）

大切な物の居場所をつくる

家の中にアートを飾るのも素敵ですが、お気に入りの日用品を、飾りながら収納するのもおすすめのアイデアです。ていねいに作られた道具には「用の美」があり、インテリアとして楽しむことができます。

お気に入りの食器はしまいこまず**飾りながら収納**

ダイニングにガラス戸の吊戸棚を設けて、好きなティーセットなどを飾るのもいいですし、大皿を壁に飾るのもいいアイデアです。思い入れがある日用品があるなら、リフォームのときに相談してみるといいでしょう。

キッチン入り口の壁面にあり、ダイニングテーブルに座ったときに目に入る。(沼尻邸)

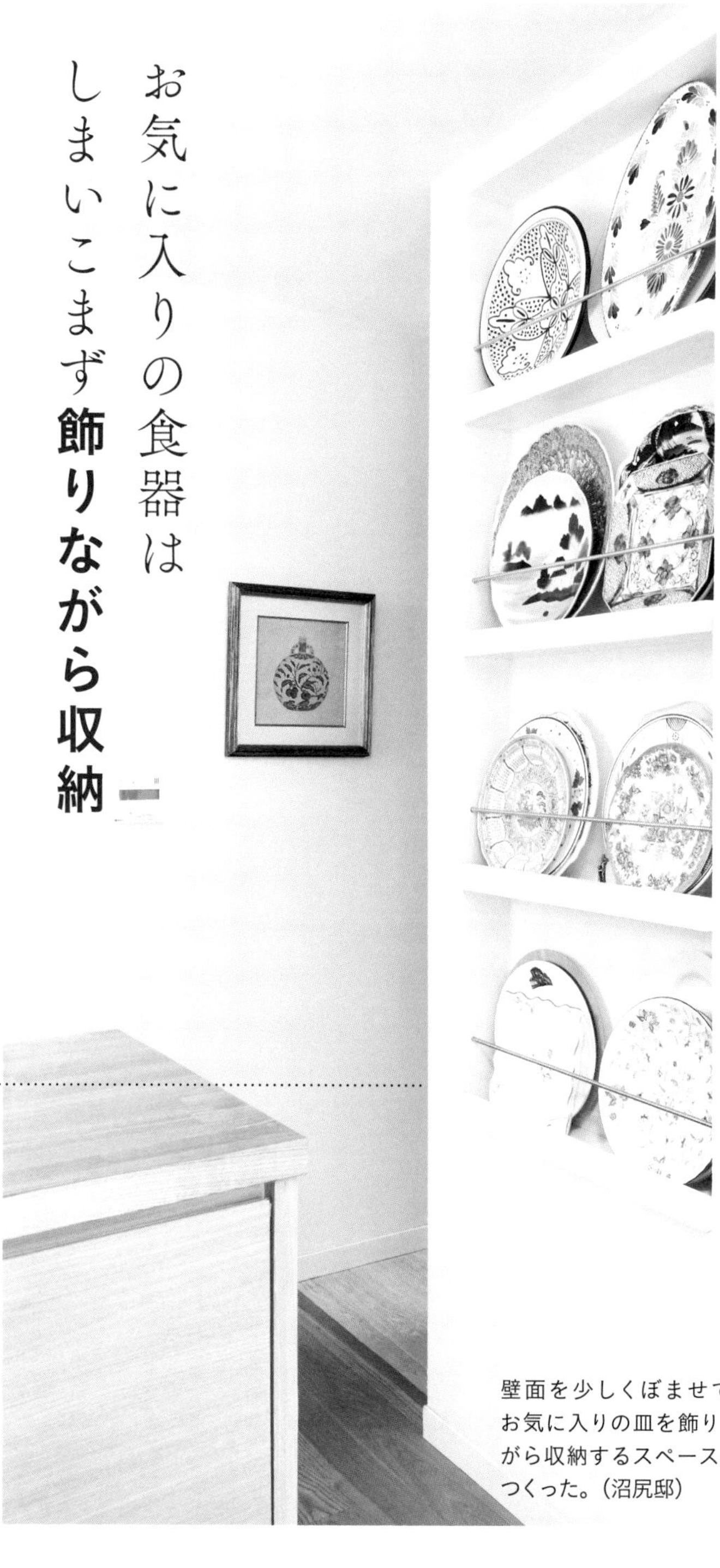

壁面を少しくぼませて、お気に入りの皿を飾りながら収納するスペースをつくった。(沼尻邸)

仏壇や神棚の場所も
間取りに組み込む

リビングの入り口にある仏壇。和室に合った欄間を加工してついたてに。目に入りにくいが、足を運びやすい場所。(立原邸)

とても大切なものだけれど、インテリアに組み込むのが難しい。仏壇や神棚はそんな存在です。最近は和室が減っているので、リビングに置きたいという家も少なくありません。仏壇を置くときは、壁や家具と一体化するような扉を設けたり、壁を1枚立てて視線を遮るといった方法があります。その場合は、周りのインテリアに馴染むような扉やついたてを選びます。神棚は方角を守りつつ、入り口から丸見えにならない場所に、さりげなくつくれるのが理想です。

和室の入り口の上に、神棚を設けた。戸を開け放しても、リビング側からは見えない。(山本邸)

作品を飾るスペースをリフォームでつくる

手芸や工芸などの作品は、映える場所に美しく飾りたいものです。そのスペースをつくることが、リフォームの目的になってもいいと思います。雰囲気に合った飾り棚を置いてもいいですし、壁や戸の中に組み込むという方法もあります。お客様の目に入る場所に飾ってあれば、会話も弾みます。

階段の途中、リビングから見える場所に書道の作品を飾り、専用のブラケット（照明）を設置した。（井藤邸）

リフォームを機に、ポーセリンアートの作品を飾る棚を設置。ルーバーを使って、取れない柱をカモフラージュ。（芦田邸）

収納の建具の中に、刺繍の作品を飾るための額縁を組み込んだ。インテリアのアクセントになっている。（坂井邸）

ダイニングやリビングから見える場所に、アンティークの家具を置いて手作りの人形作品を飾っている。（瀧本邸）

自分のこだわりを大事にする

シニアになってからリフォームするメリットは、自分の好きなこと、やりたいことがはっきりわかっているという点です。楽器の練習をしたい、エクササイズをしたいなど、新しい住まいで実現したいことを考えてみてください。趣味に費やす時間も、人を呼ぶ頻度も、一人ひとり違うはず。どんな過ごし方が自分にとって気持ちがいいのか、どんな設備があればリラックスできるのか、考えてみましょう。ぜひ、それを住まいで表現してみてください。

自由な発想で
家を自分仕様にする

リビングでリラックスして過ごすため、天井からハンモックを吊るした。（浦崎邸）

朝起きてリビングでヨガをする奥様のため、空間を広くして引き戸の1枚に鏡を設置した。（中野邸）

リビングの片隅に、読書や勉強をするための書斎を設けた。（福山邸）

ダイニングのカウンターの端に設けたワインセラー。（福山邸）

リビングを自分のラウンジにする

高級なホテルには、特別なお客様しか入れない「エグゼクティブラウンジ」があります。自宅のリビングを、自分だけの特別なラウンジと考えてみましょう。一日の疲れを癒し、ゆったりと寛ぐために何が必要でしょうか？　お茶を淹れるコーナーがあってもいいですし、お酒が好きな人なら、バーカウンターやワインセラーを設けるのもいいかもしれません。

キッチンの吊戸棚の一部に設けた、ワイングラスの収納スペース。（福山邸）

料理が趣味なら**キッチンを家の中心に**する

仕事を引退したり、子育てがひと段落したら、ゆっくり時間をかけて料理をしたいと思っている方は多いようです。使い勝手がいいだけでなく、料理が楽しくなるようなキッチンを考えてみましょう。一般的に、家の中心になるのはダイニングテーブルやリビングですが、キッチンが中心にある間取りもいいと思います。キッチンで過ごす時間が長い人にはとくにおすすめです。

必要な家電のための設備や収納も、パン作りや保存食づくりなど、やりたいことによってプランは少しずつ違ってきます。料理する人が主役になるようなキッチンを、実現してみてください。

明るい光が降り注ぐアイランドキッチン。広々としたカウンターで料理を楽しめる。

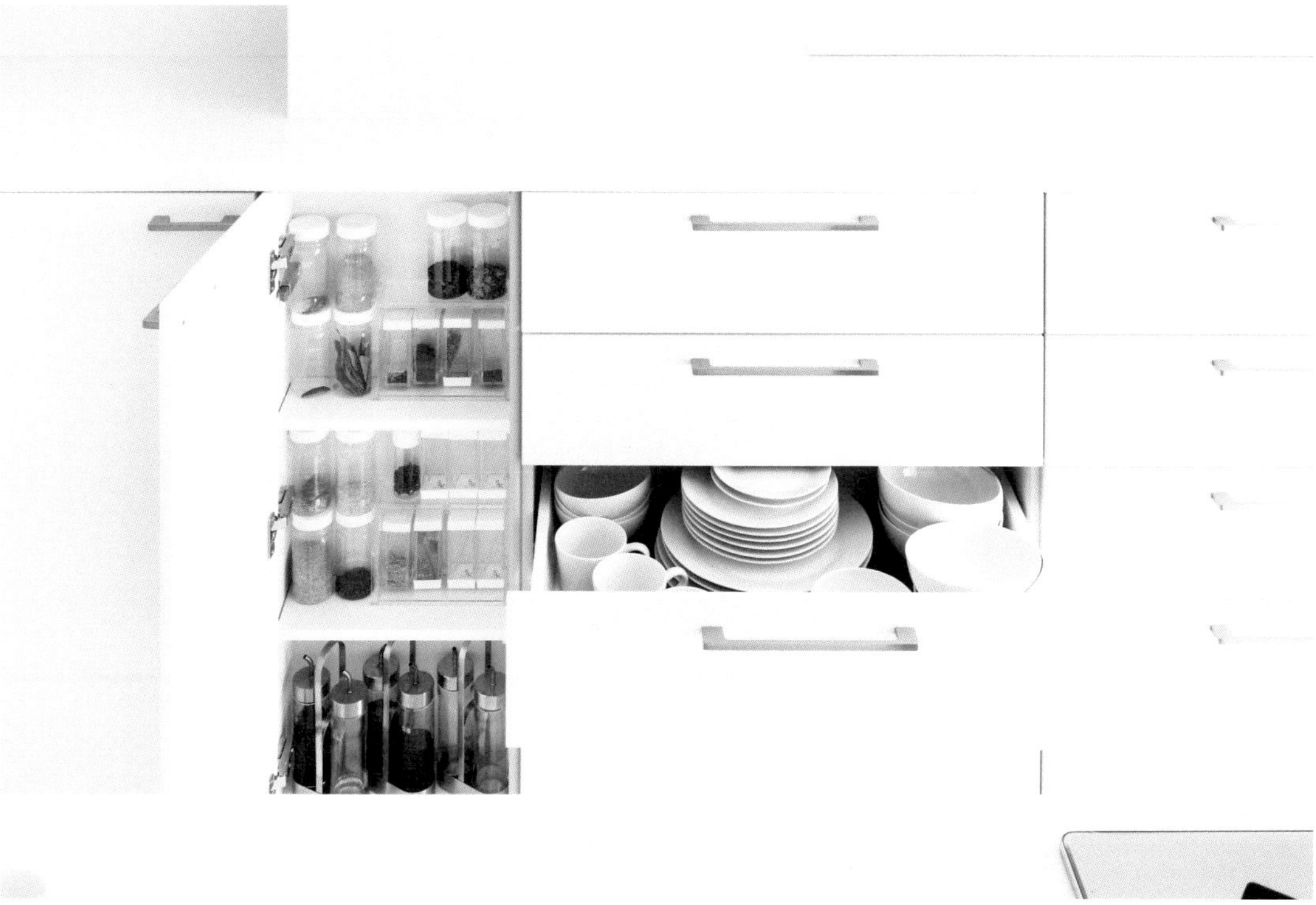

背面カウンターの、パイプスペースで奥行きの浅くなった部分はスパイス類の収納に。食器類の収納もたっぷり。

キッチンへの出入りがしやすく、二人、三人一緒にキッチンに立つこともできる。

田辺邸

BEFORE

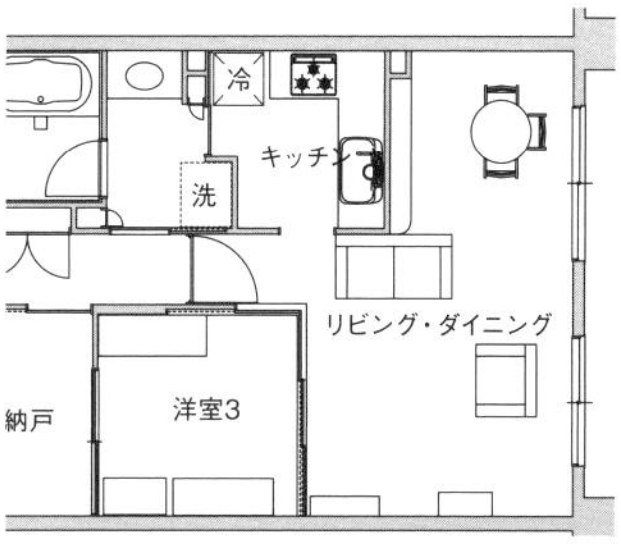

ダイニングとの間に窓がある「セミオープン型」キッチン。キッチンに立つ人の姿が見えにくかった。

↓

AFTER

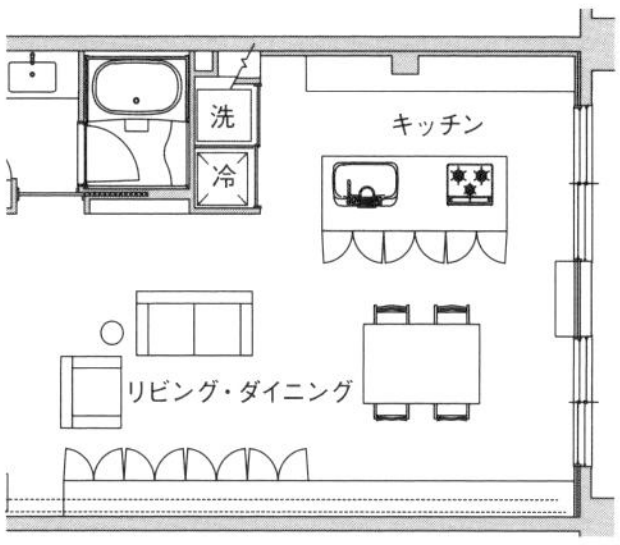

リビング・ダイニングと一体化したキッチン。家族や来客と会話しながら料理を楽しめる。

Renovation_6

老後を安心して過ごす

「エイジング・イン・プレイス（地域居住）」という言葉が注目されています。「住み慣れた場所で、その人らしく最期まで過ごす」という意味です。要介護が必要になってからも、少しでも長く住み慣れた我が家で、サポートを受けながら過ごしたいと思う人は多いでしょう。リフォームで、住まいをバリアフリーにしたり、子どもたちと同居できるようにするなど、老後への備え方には様々な方法があります。

（吉井邸）

（原邸）

介護生活に備える

バリアフリーの住まいにする

考えたくはないのですが、いつかは介護が必要になる日が来るかもしれません。元気に動けるうちに、バリアフリー・リフォームをしておくことで、安心して老後を送ることができます。バリアフリーの住まいとは、自分たちのためだけでなく、介護者の負担も減らすことができるような住まいです。

二世帯で暮らす

価値観のすり合わせが大切

子どもの結婚や出産を機に、二世帯の住まいを考える人もいるでしょう。プランを考えるうえでまず決めるのは、どこまでを共有にするかということです。親世代と子世代では生活スタイルや価値観が違う可能性も大きいので、お互いの希望を理解したうえでプランを考える必要があります。

（上林邸）

介護生活に備える

リフトをつけられるよう 階段を広くしておく

手すりを設け、階段の幅を広くした。

できるだけ長く家で暮らしたい場合は、車椅子生活を想定しておくといいでしょう。廊下を広くしたり、段差をなくしたりする以外に、リフト（車椅子昇降機）をつけるときに備えて、階段をリフォームしておくのがおすすめです。曲がり階段でもリフトの設置はできますが、直線階段のほうが設置しやすく、コストも抑えられます。幅は広めにしておくと安心です。

小宮邸

BEFORE 2階

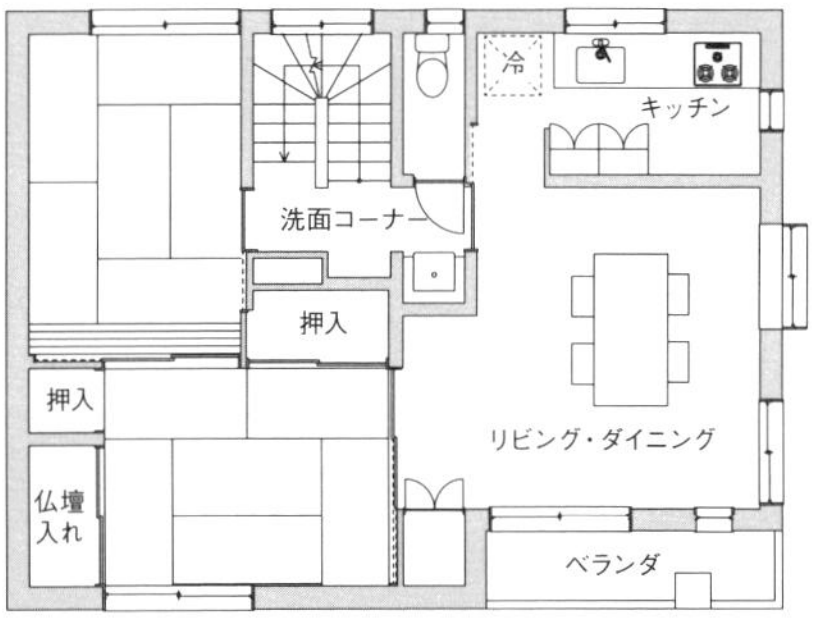

1階から2階への階段は、幅が760㎜の狭い曲がり階段だった。

↓

AFTER 2階

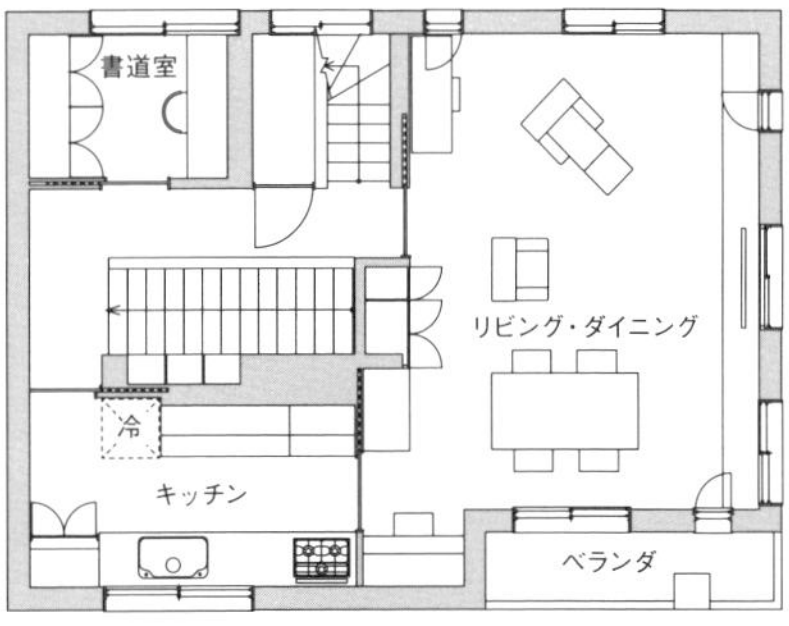

リフトをつけても邪魔にならないよう、幅を1050㎜に広げた。手すりをつけ、段差も小さくした。

トイレに2方向から入れる扉を設ける

車椅子で入ることや、介助者の手を借りることを想定すると、トイレには便器前と横のスペースに余裕があるのが理想です。しかし現実にはスペースの確保が難しい場合もあるでしょう。その場合は、入り口を1つでなく2つ設けることができれば、スムーズに使えたり、介護がラクになります。二人がかりで介助することもできます。トイレの場所は、できるだけ寝室に近くするのもポイントです。

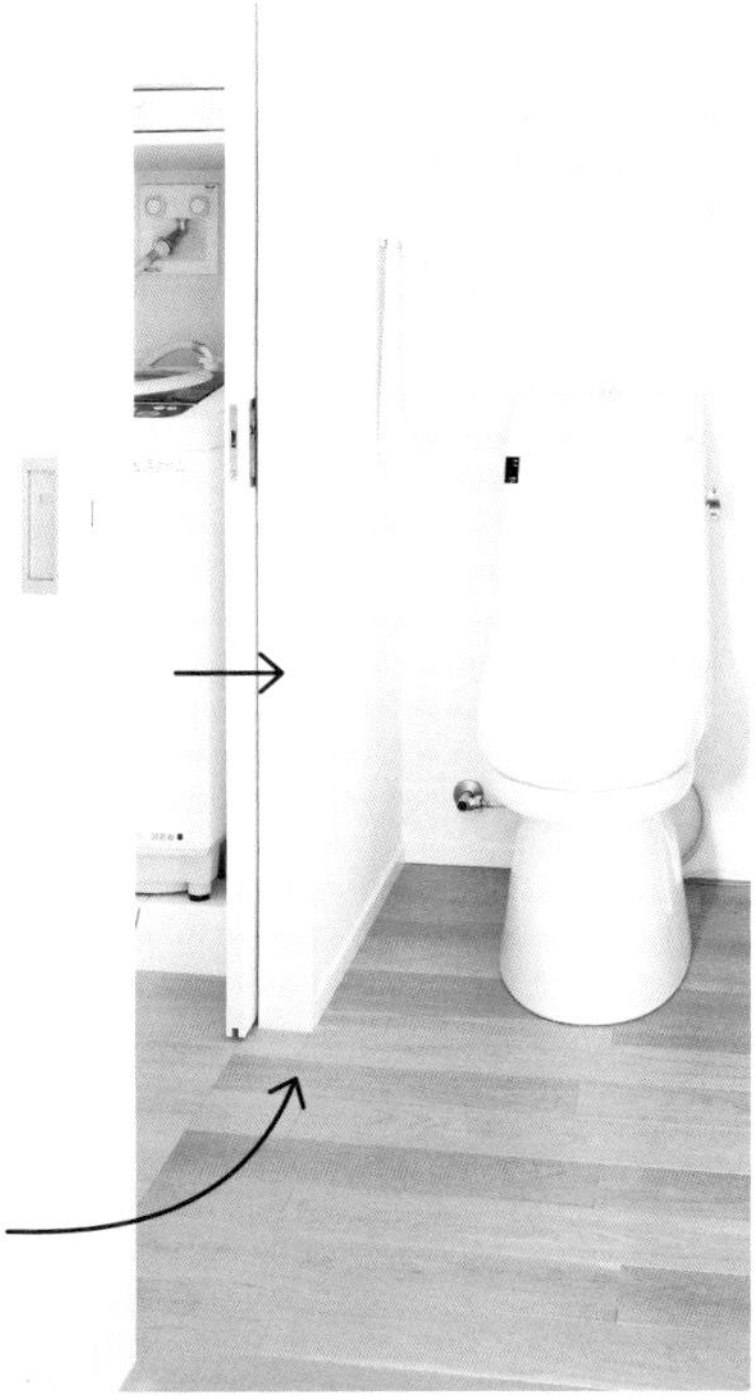

寝室から洗面室、トイレ、浴室へと続いている間取り。トイレの入り口が2カ所にあるので、介助しやすい。（小宮邸）

椅子を入れられる洗面台があれば安心

鏡台を置いてメイクをする人は、少なくなりました。メイクは洗面室でする人が多いようです。ほかにもヘアカラーや入れ歯の手入れをするなど、洗面室で過ごす時間は、昔よりずっと長くなっています。

洗面台で椅子を使えるようにしておくと快適です。洗面カウンターの下をオープンにして、カウンターの高さを少し低めにしておけば、車椅子生活になってもスムーズに使えます。

洗面台の下はオープンにして、椅子を入れて使えるようにしている。（芦田邸）

二世帯で暮らす

二世帯へのリフォームを考えるとき、まず決めなければいけないのは、共有部分についてです。親世代と子世代で考えが違う場合もあるので、事前のすり合わせが重要です。玄関や浴室を共有にする場合は、どちらの世帯からもスムーズに行き来できるようにします。

また、とくに注意したいのは音の問題。生活時間のずれで生じる音は、家族といえども気になるものです。1階に親世帯が暮らす場合は、寝室の上には部屋を設けず、バルコニーなどにするのもいい方法です。

それぞれの世帯で、直接設計者との打ち合わせを持つのが、皆の満足度を高めるための秘訣といえます。

1階にある浴室は、2世帯で共有。脱衣所はそれぞれに設け、動線が交わらないよう、入り口も2つに。

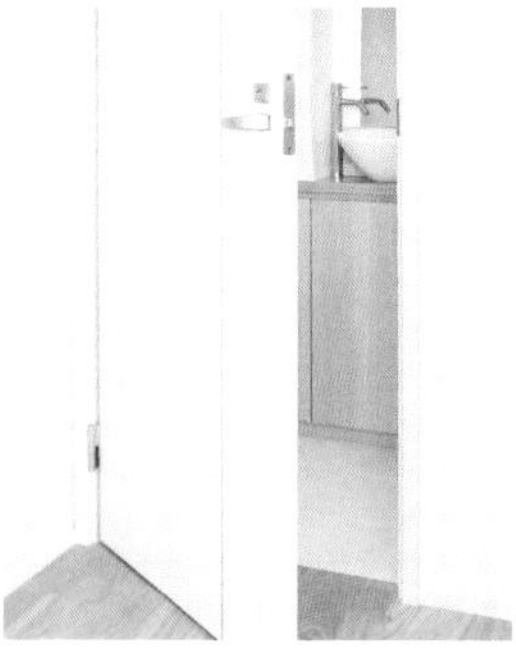

子世帯の洗濯機の下にはトイレを配置。音がしてもあまり気にならない。

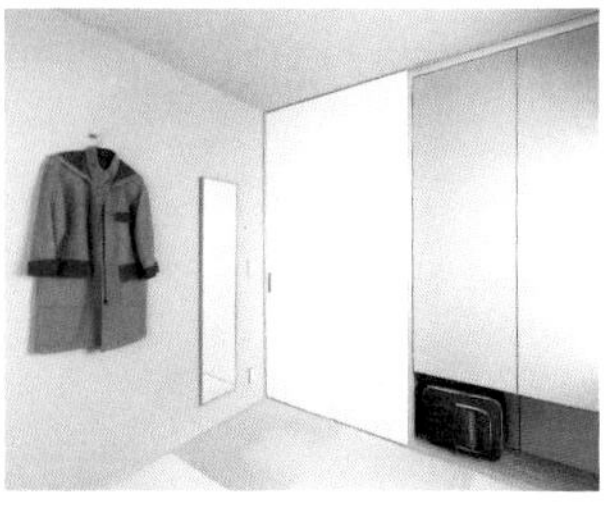

時折訪ねてくるもう一人の娘が泊まるための客室も、親世帯の1階に設けた。

1階の親世帯のLDK。立ち座りをラクにするため椅子とテーブルは低めにした。

2階の子ども世帯のキッチン。洗濯機がキッチンにある間取りが、忙しい夫婦にとって快適。通常は戸で隠れている。

2階にある、男の子二人の部屋。下は玄関なので、音を立ててもそれほど問題ない。

2階のLDK。キッチンのダイニング側のカウンターと、窓側にたっぷりの収納を設けた。

上林邸

AFTER

2階（子世帯）

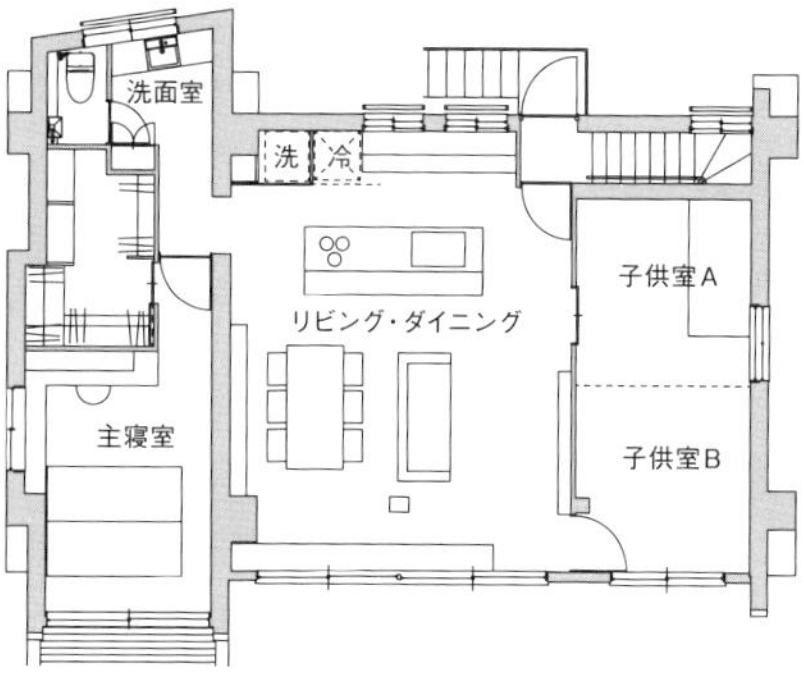

夫婦と子ども二人が暮らす。子ども部屋は現在広い1部屋で、将来は2つの部屋に区切る予定。

1階（親世帯）

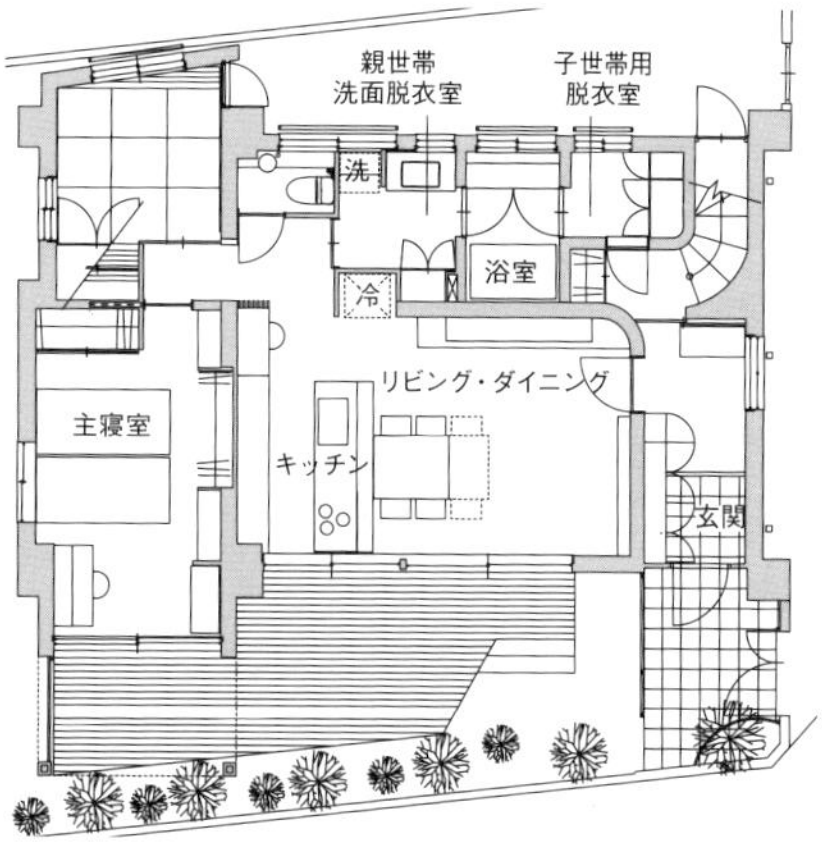

1階の浴室は共用だが、脱衣室は別々に設け、それぞれから浴室に入れるようにしてある。

[COLUMN]

バリアフリー・リフォームのポイント

高齢になったり身体がうまく動かせなくなっても、安心して住める家にしておきましょう。

介助する人にとってもやさしい間取りにしておくのがポイントです。

階段、トイレ、浴室をとくに安全に

シニアのリフォームでは、身体がうまく動かなくなったり不自由になっても安全に快適に暮らせるように、バリアフリー仕様にする必要があります。つまずきにくく、車椅子でも移動がしやすくするため、家の中の段差を解消するほか、手すりを取りつけたり、建具を引き戸に変更したりします。とくに、立ったりかがんだりの動作が多いトイレや、滑りやすい浴室は工夫が必要です。階段も、傾斜が急だったり踏み板面の奥行きが浅い場合には、リフォームで階段の架け替えを検討します。また、断熱化をはかって家の中の温度差をなくし、ヒートショックを防ぐことも大切です。

01 手すりの設置

移動したり立ち上がったりする場所に、1本手すりがあるだけで動作がラクになる。玄関の上がり框や、階段、トイレ、浴室などに手すりが必要。

(岡崎邸)

02 段差をなくす

小さな段差ほどつまづきやすいことは知られている。敷居を取り除いたあとは、周りの床と同じ高さの木を埋め込むなどの方法でフラットにできる。

(井藤邸)

03 階段の傾斜をゆるく

階段の段差が大きかったり、踏面の奥行きが浅い階段は、踏み外しや転倒の心配があるので、リフォームで改善するとよい。

(小宮邸)

【自宅介護に備えるリフォーム】

トイレ

介助しやすい
つくりにする

立ったり座ったりという動作が必要なトイレには、スペースに余裕が必要。2カ所入り口があれば、介助がしやすい。開き戸は引き戸または折れ戸に変更し、体を支える手すりをつける。

洗面室側と廊下側に2つ出入り口がある。(塚原邸)

手すりがあるだけで、座るときや立つときにバランスがとりやすい。(岡崎邸)

【COLUMN】

引き戸

戸の近くに
手すりを設ける

前後に開ける開き戸より、引き戸のほうがスムーズに開閉できる。ただし上吊り引き戸の場合、ソフトクローズ(閉まる直前ゆっくりになる機構)が、高齢者には固く感じられる場合も。力を入れても安定するよう、できれば戸の近くに手すりを設けたい。

(岡崎邸)

浴室

ユニットバスにして
冷えを防ぎ、安全に

断熱性と安全性を考慮すると、ユニットバスに変更するのはおすすめ。床材や浴槽が滑りにくく、浴槽も深すぎないので安心。手すりを増設したり、ヒートショックを防ぐため、浴室暖房を設置するとよい。

(瀧本邸)

Renovation_7

開放感を保ちつつ プライバシーを守る

自然光や風の流れ、目に入る景色や庭の緑は、気持ちよく暮らすために欠かせないものです。しかしせっかく日当たりがいいのに、昼間もカーテンを閉め切って過ごしているという家は珍しくないようです。窓が大きすぎたり、外からの視線をさえぎるものがなかったりすると、落ち着いて暮らせません。リフォームによって、カーテンを開け放して暮らせるようになると、暮らしはガラッと変わります。

(福地邸)

（遠藤邸）

視線をさえぎる

通風や採光を確保しながら工夫する

外を通る人と目が合ってしまうような家では、落ち着いて暮らせません。かといってカーテンを閉めっぱなしでは風も光も通りません。植栽を利用したり塀をつくるという方法もありますが、窓の大きさや位置を変えるだけでも、暮らしやすくなります。もっと手軽なのは、シェードを使うという方法です。

庭を囲う

閉じた空間をつくる

庭をしっかり囲むことで、プライベート性が保たれ、室内からは緑だけが見えるようになります。通りに面した庭ではなく中庭にすることでも、外からの視線を気にせずに景観を楽しむことができます。囲いにはルーバーや植栽を利用すれば、光や風を取り込むことができます。

（坂本邸）

（上林邸）

玄関扉を隠す

表から直接見えないようにする

玄関扉が通りに面している家の場合、宅配便が来たり来客のときなど、ドアを開けるたびに家の中が丸見えになってしまいます。玄関扉の手前に、1枚壁やルーバーを立てるだけで、安心して暮らせるようになります。玄関扉が直接見えないようなリフォームを考えてみましょう。

視線をさえぎる

光を入れつつ**中を**
見せない工夫をする

「窓は大きいほうがいい」と思っている方もいるようですが、そうとは限りません。通りに面した側に大きな窓があると、外からの視線が気になるので、結局は常にカーテンを閉め、電気をつけて過ごすことになってしまいます。「窓が小さいと暗くなる」というのも誤解です。窓は面積が小さくても高い場所に設けることで、部屋の奥まで光を入れることができます。また、ステンドガラスなど、光は通すけれど視線は通さないガラスを活用するのも、いい方法です。

階段の吹き抜けにある窓に、ステンドグラスを使った。外からの視線が気にならない。（新地邸）

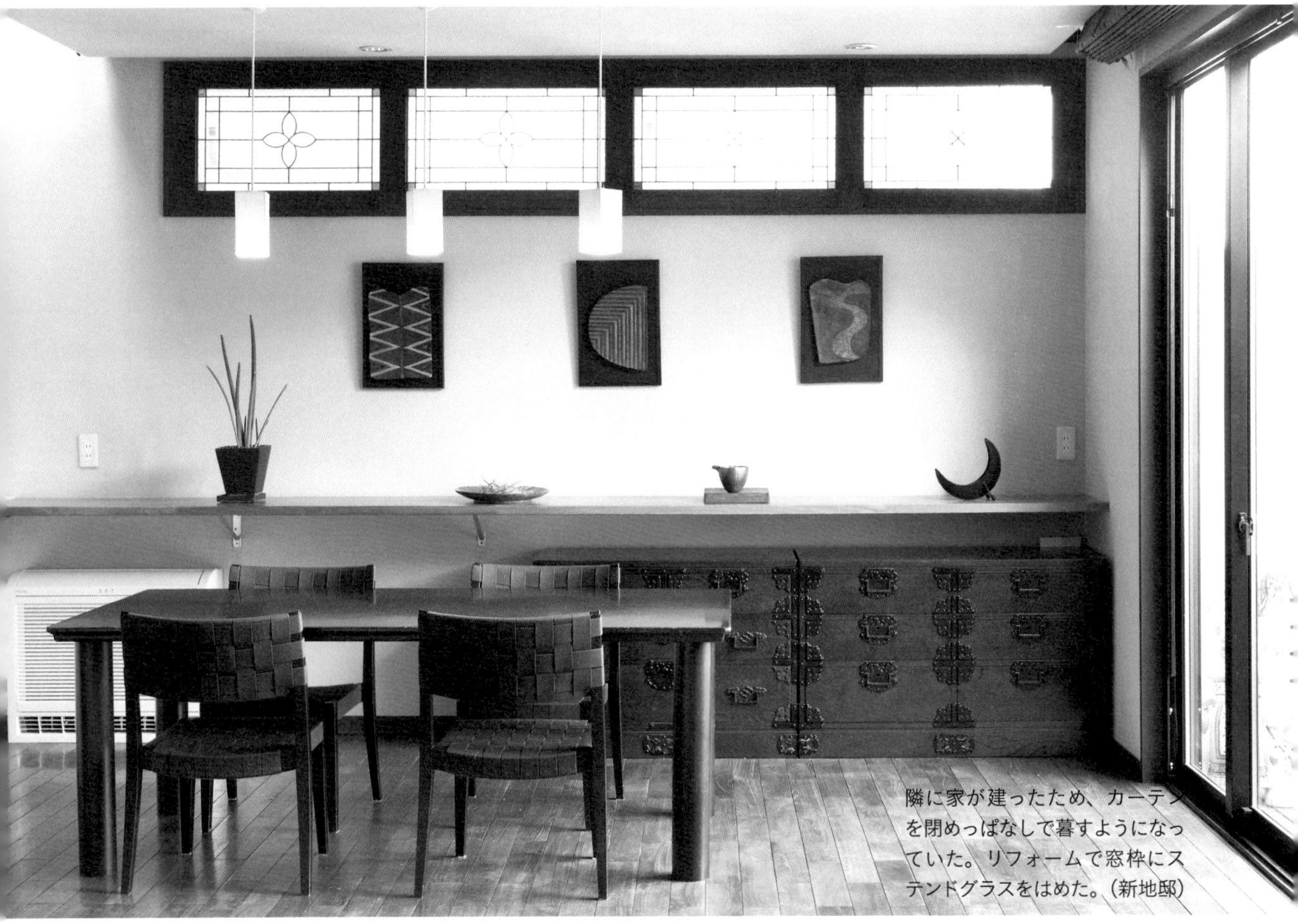

隣に家が建ったため、カーテンを閉めっぱなしで暮すようになっていた。リフォームで窓枠にステンドグラスをはめた。（新地邸）

シェードやルーバーを使って視界をコントロール

上からの視線が気になるときは、シェードを利用。気になる高さまで下ろして、光を入れている。(齋藤邸)

視界をコントロールするために、大がかりなリフォームをしなくても手軽にできるのが、引き分けのカーテンをシェードに変えるという方法。下だけでなく上下を開けられるシェードなら、部分的に視線をさえぎりながら光を採り込むことができます。シェードを活用すると、カーテンに比べて部屋が広くすっきりと見えるという利点もあります。

また、窓に木製ルーバーを組み合わせるのもいい方法です。プライバシーを守りながら光や風を採り入れたり、外の景色を楽しむことが可能になります。

中庭に面した窓の手前に、縦型の木製ルーバーを設置。左右にある居室への視線がさえぎられて見えない。(岡崎邸)

COLUMN

光は通しても視線を通さないルーバー構造

ルーバーとは、羽板(はいた)と呼ばれる細長い板材や厚みのある角材を並べたもの。材の角度によって、外部からの目線や日光をさえぎることが可能。

庭を囲う

しっかり囲うことで 開放感をキープできる

庭の周りを囲うときには、ルーバー状の板塀を使うことがよくあります。外と中を完全に遮断してしまうのではなく、すき間のあるルーバーで仕切ることで、冷たい印象がなくなり、通風も確保できます。外から完全に中が見えないようにしたい場合は、目線の高さのスリットの開き寸法を調整するとよいでしょう。また、リビングとウッドデッキの床の高さをそろえ、高めの塀で囲いこむことで、両者の空間に一体感ができて、リビングが広く感じられます。

庭をぐるりと高めの板塀で囲っている。ルーバー状の板塀には、背景を整え、植栽を美しく見せる効果もある。（宮内邸）

隣家の窓がある位置に、板塀を設けて視線をさえぎっている。ウッドデッキはリビングの延長のような空間になっている。（芦田邸）

中庭は、壁の代わりになって外と家を隔て、プライバシーを守ってくれる。家のあちこちから緑が眺められるという利点も。（新井邸）

玄関扉を隠す

扉が通りに面しているなら **手前に1枚立てる**

玄関の前に壁を立て、扉を隠した。打ち放しコンクリートの壁と表札、照明、ポストなども一体になるようデザインした。（向山邸）

玄関扉が直接通りに面していると、ドアを開けて宅配便や来客などに対応するときに通りからの視線が気になってしまい、落ち着かないのではないかと思います。

リフォームで、玄関扉の前に1枚壁を立てるだけで、外からの視線が気にならなくなり、ぐんと快適になります。

壁の代わりにルーバーを活用すれば、光や風を採り入れつつ、さりげなく目線をさえぎることができるのでおすすめです。

ルーバーを設置する場合には、使用する材の寸法と隙間の寸法を調整して、横からの目線が十分さえぎられるようにします。

大通りに面している玄関。ルーバーを手前に立てた。同じ素材で玄関左壁を覆い、デザインに統一感を持たせた。（小宮邸）

通りから見えない位置に 玄関をつくりかえる

玄関の前にアプローチがある場合も、やはり扉が通りから丸見えにならないような工夫をします。たとえば、壁を左右に互い違いに設置して、直接見えないようにするという方法があります。この場合も、ルーバーのような角材を活用すると、透けるので圧迫感がなくなります。

さらに植栽も組み合わせれば、楽しいアプローチになります。

ルーバーの隙間から家の中が見えないように、植栽を活用している。(宮内邸)

芦田邸

BEFORE

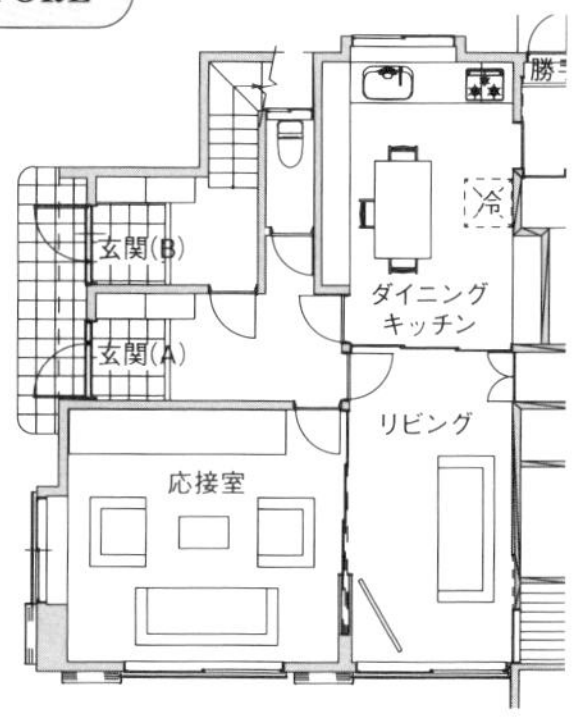

二世帯住宅だったときの玄関。扉が直接通りに面していた。

↓

AFTER

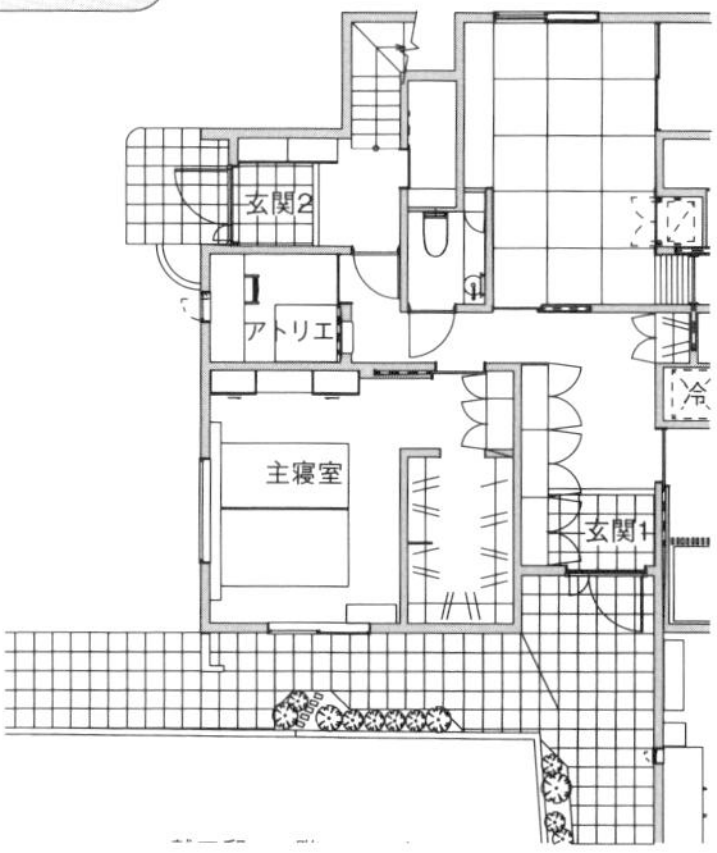

メインの玄関の位置を変え、アプローチを設けた。玄関扉は表からは見えない。

塀を左右に立てているので、外からは玄関扉が見えない。ルーバーと植栽で柔らかい印象に。(芦田邸)

Renovation_8

自然を感じながら暮らす

何気なく顔を上げると、いつでも緑が目に入る。そんな暮らしが理想です。窓を額縁にして眺める自然の風景は、どんなインテリアよりも心を癒してくれます。植栽や外の景色が美しく見えるように、リフォームで窓の位置や大きさを見直してみませんか。

（新井邸）

(岡田邸)

窓からの眺め

窓のある場所に植栽を配置する

リビングやダイニングはもちろんですが、家のいろいろな場所から、外の緑が眺められるのは気持ちがいいものです。窓のある位置には植栽を配置して、木で囲まれたような気分で過ごせるようにします。自分の庭でなくても、隣家の庭の植栽や、公園の緑が目に入るように窓をつくることもあります。このような方法を「借景」といいます。

庭づくり

手間のかからない庭を楽しむ

庭がある家はいいものですが、だんだんと手入れが負担になってきます。おすすめなのは、手がかからない雑木を配置すること。剪定や雑草取りの手間が軽くなりますし、より自然の中にいるような雰囲気を楽しむこともできます。ウッドデッキを設けて、第2のリビングとして活用するのもおすすめの方法。ただ眺めるだけでなく、お茶を飲んだりおしゃべりできるスペースをつくると、暮らしが豊かになります。

(沼尻邸)

窓からの眺め

庭を眺めるための カウンターを設置する

子育てや仕事がひと段落すると、自分の時間が増えてきます。四季の移り変わりにつれて、木々が表情を変えていくのを楽しみながら、ゆっくりお茶を飲むのは至福のときです。ダイニングテーブルから眺めるのもいいのですが、もし掃き出し窓が必要ない場所であれば、庭に面したところにカウンターを設けることも可能です。まるで避暑地のカフェにいるような気分で、お気に入りの風景を満喫することができます。

窓の面積を小さくして、低いカウンターを設け、下をオープンにして椅子が置けるようにします。カウンターの一部は収納としても使えます。

立原邸

BEFORE

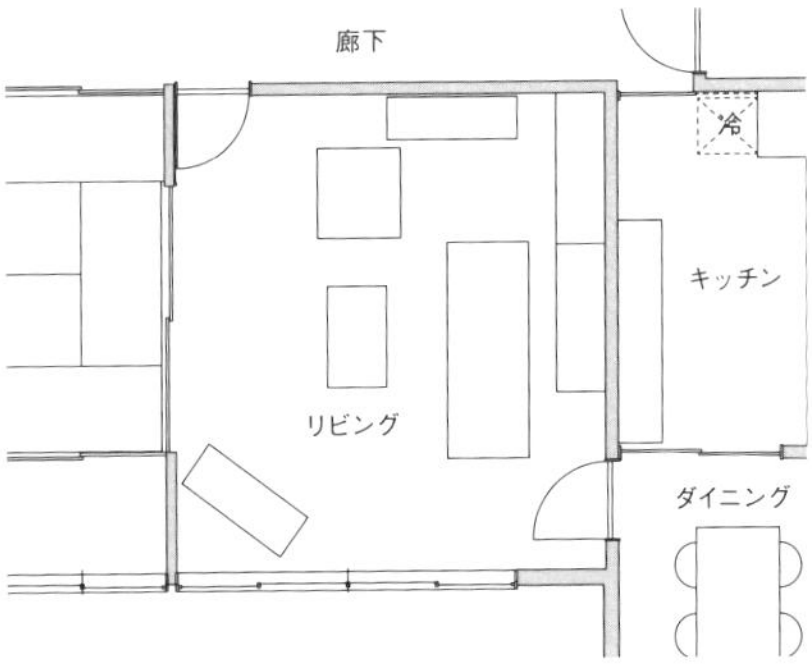

リビングには、庭に出られる掃き出しの大きな窓があった。

↓

AFTER

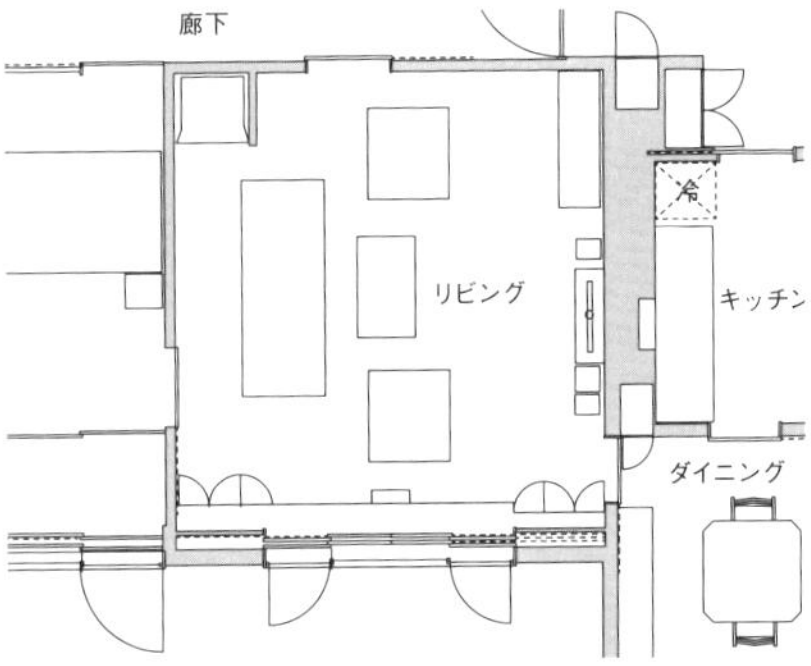

窓の面積を小さくして、カウンターを設けた。窓のない両端の部分は収納に。

小さくなった窓からでも、十分に庭の景色を楽しめる。

椅子を入れられるカウンター。庭を眺めながらお茶を飲んだり読書を楽しめる。

ダイニングに座って、大きな窓から庭の緑を楽しめる。（沼尻邸）

自然に囲まれている気分になれるLDをつくる

一日のなかで、長い時間を過ごすリビングやダイニングは、窓の外の景色にこだわりたいものです。リビングやダイニングが庭に面している場合は、植栽で庭をぐるりと囲むようにすると、自然に囲まれているような気分で過ごせますし、外からの視線をさえぎることもできます。庭の植栽は、リビングのソファや、ダイニングの椅子に座ったときに、目に入る風景が美しくなるように配置します。

リビングのソファに座ったときに目に入る風景を、美しく。（坂本邸）

ふとしたときに**緑が目に飛び込んでくる**と気持ちいい

リビングやダイニング以外に、家の中の色々な場所からも緑が眺められれば、朝起きてから日が暮れるまでの時間を、ずっと気持ちよく過ごすことができます。キッチンに大きな窓があれば、料理をする時間が楽しくなりますし、体調を崩したり、介護が必要になってベッドで過ごす時間が長い人にとっては、寝室から窓の外が眺められれば心が休まることでしょう。時間の流れや季節の移り変わりを感じながら過ごす一日は、心を穏やかにしてくれます。若いときのように、急いで家事をこなす必要がなくなった今だからこそ、窓の配置にはこだわりたいと思います。

キッチンの大きな窓から、外の緑が目に入るので、明るい気持ちで料理ができる。(日野邸)

和室を洋室に変えた寝室。やわらかい光を入れるために、縁側と障子を残した。障子を開けると庭が眺められる。(立原邸)

タイルを敷き詰めていた庭にウッドデッキを伸ばし、リビングの続きとしてくつろげるように。

ウッドデッキなどを活用して手入れをラクにする

「年齢を重ねて、庭の手入れが負担になってきた」という話をよく耳にします。しかし暮らしに潤いを与えてくれる庭を、あきらめてしまうのはもったいないことです。手がかからない庭にする方法は、いくつかあります。

ひとつは植栽を、手がかかる和木ではなくて雑木にすることです。自然のままの姿を楽しむ雑木だと、剪定などがあまり必要なく、手入れがラクです。

もうひとつは、ウッドデッキなどを活用して庭の面積を小さくすることです。高めの床をリビングと同じ高さにして、リビングの壁や板塀などで囲うことで、リビングの空間が広くなったように感じられる効果もあります。

坂本邸

BEFORE

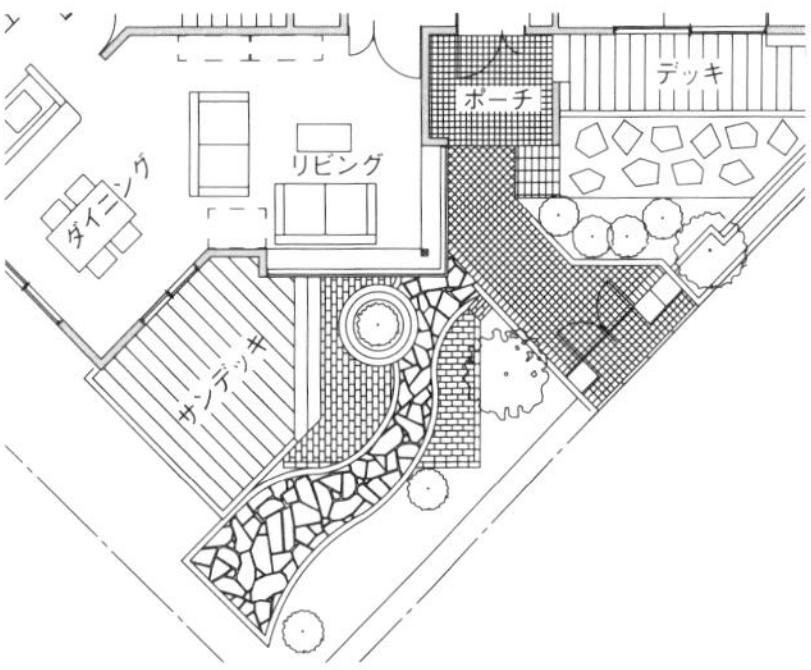

ダイニング側だけに小さいウッドデッキがあった。

↓

AFTER

ウッドデッキの面積を広げて、リビングからも出られるようにした。

グランドカバーにタマリュウをぎっしり敷き込んで、雑草が生えにくく、目立たなくしている。（小林邸・神奈川）

リビングと同じ高さのウッドデッキを設け、板塀で囲った。板は手入れのいらない樹脂木にしている。（芦田邸）

Renovation_9

人を呼びやすくする

「子どもたちが結婚相手を連れてくるのに備えたいから」という動機でリフォームを依頼してくる方は、少なくありません。自分たちが快適に過ごせるようにというのはもちろんですが、「このままでは人を呼べない」というのも、リフォームのきっかけになります。必要な場所に収納を充実させて、あふれている物が片づくようにするのも、大切なことです。

（浦崎邸）

居心地のいいLD

圧迫感のある家具を置かない

食事をするダイニングや、食後にくつろぐリビングは、明るく、気持ちのいい空間であってほしいものです。圧迫感をなくすために、置き家具はサイズを考えて選びます。収納をつくる場合にも、シンプルなデザインで、できるだけ存在感をなくすようにすると、すっきりとしてインテリアも引き立ちます。

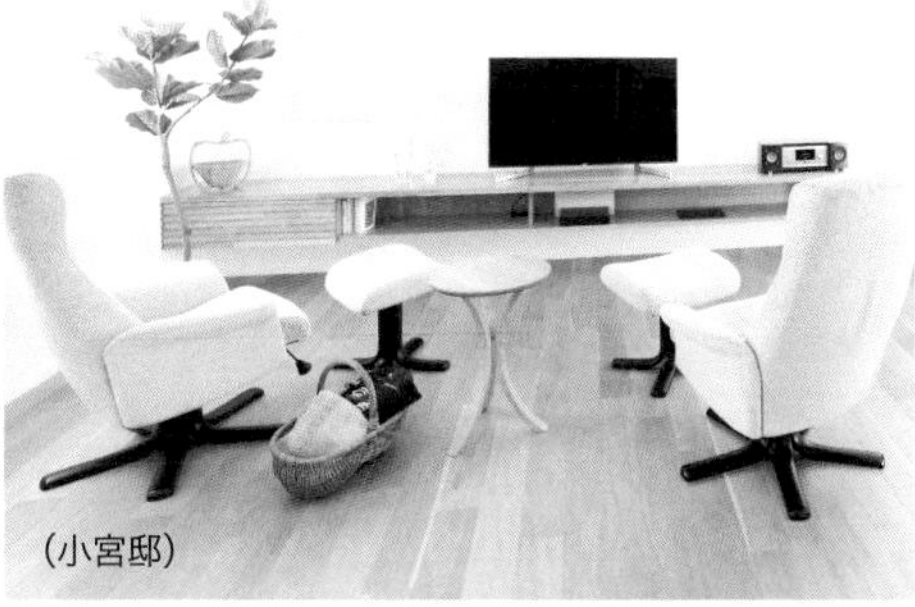
（小宮邸）

生活感を出さない

プライベートスペースを分離する

寝室や浴室などのプライベートスペースと、リビング、ダイニングなどのパブリックスペースを分けて、動線が交わらないようにすることで、来客に生活感のある部分を見せなくてすむようになります。トイレに手洗い場と鏡をつけた「パウダールーム」を設けると、来客があるときに便利です。

（平山邸）

客室のつくり方

フレキシブルな使い方ができる空間に

リフォームで和室をなくすというケースも多いですが、狭くてもいいので和室を残しておくと、子どもたちや親類が泊まるときに客室として使えるので便利です。おすすめなのは、ふだんはLDと一体化して使えて、来客があるときだけ仕切って使えるようなプランです。

（小竹邸）

居心地のいいLD

置き家具をなくしたため、開放感のある広々としたリビング・ダイニングに。

明るくてシンプルなLDが理想

リビングやダイニングは家族が集まり、くつろぐ場所です。しかし実際には、壁で仕切られて光が入らなかったり、背の高い収納家具のせいで窮屈に感じている場合があります。リフォームで壁を取り払い、リビングとダイニングを、ときにはキッチンまで一体化することで、明るく、開放感のある空間になります。

背の高い家具を置く代わりに、カウンター式の収納と吊戸棚をつくりつけることでも、圧迫感をなくし、広々と感じさせることができます。収納はシンプルな色やデザインにして壁と同化させれば、存在感をなくすことができます。

吉井邸

BEFORE

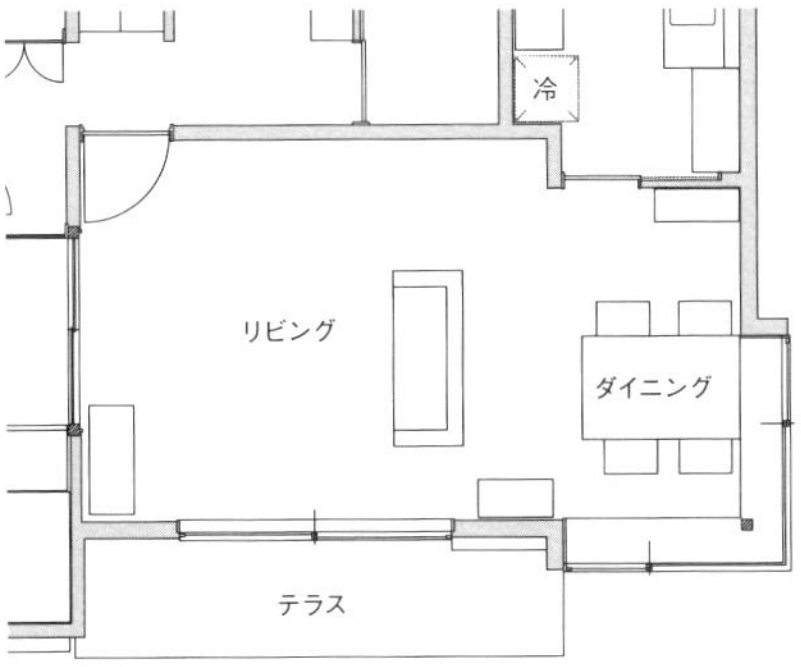

つくりつけの収納がないので、置き家具をたくさん置いていた。

↓

AFTER

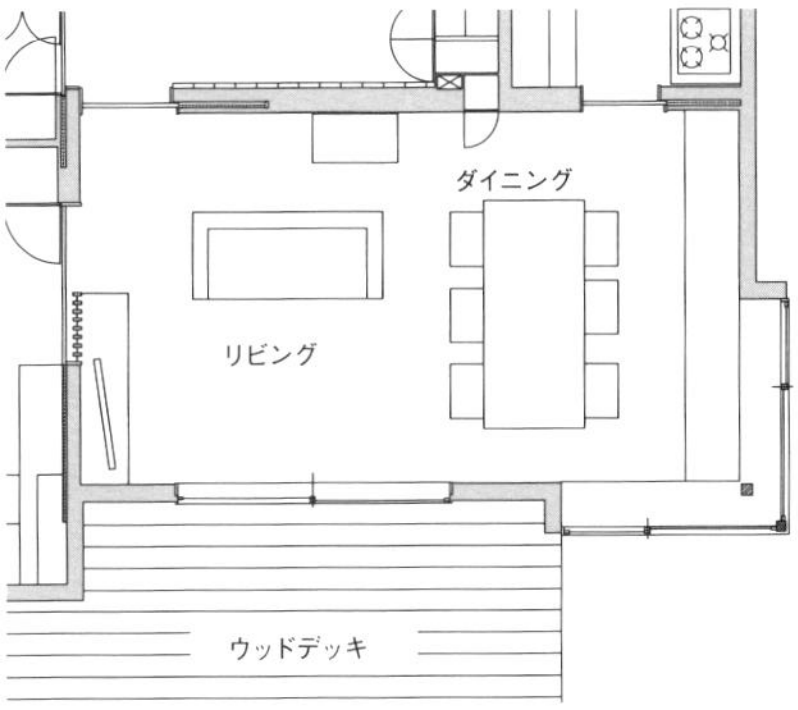

ダイニングに大容量のカウンター収納を設置。床と同じ高さのウッドデッキで、実際より広々と見せている。

子どもや友人たちが食事に来るときのため、テーブルは広く、6〜8人掛けに。

天井からシェードを垂らして窓の垂れ壁を隠すことで、室内をスッキリ見せている。

COLUMN

配線を見せない工夫をする

テレビ周りの配線が目に入ると、ごちゃごちゃした印象になりがち。壁や台に穴をあけて配線を隠すなどして、すっきり見せる工夫をする。

(左) リビング・ダイニングのカウンターに、配線を収めるための穴を開けた。(右) 壁の中に配線を収めた。

食事を楽しむための空間をデザインする

家族が多いので、8人座れる大きなテーブルを設置。エアコンは天井に埋め込んだ。

ダイニングルームは、家族の人数に合わせて考えます。子どもや孫たちが頻繁に訪れたり、来客が多い家の場合は、大きめのテーブルが必要です。ダイニングは食事以外にも様々な用事を行う場所なので、物が散らかりがちです。食事の際にはサッとテーブルの上をリセットできるように、収納を充実させておく必要があります。テーブルの真上にはペンダントライトを吊るすと、インテリアのポイントになります。

岡崎邸

BEFORE

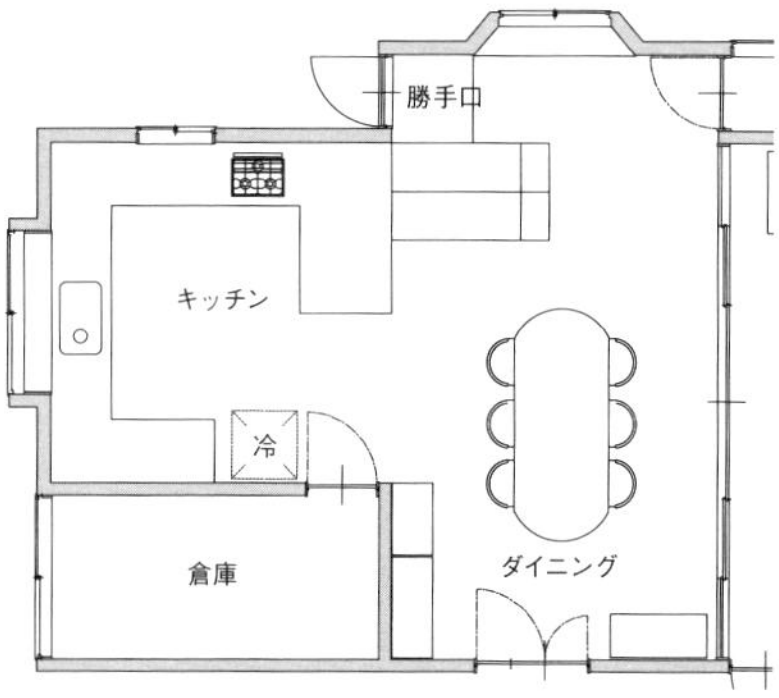

ダイニングに収納がないため、大きな家具を設置。キッチンはダイニング側から丸見えだった。

↓

AFTER

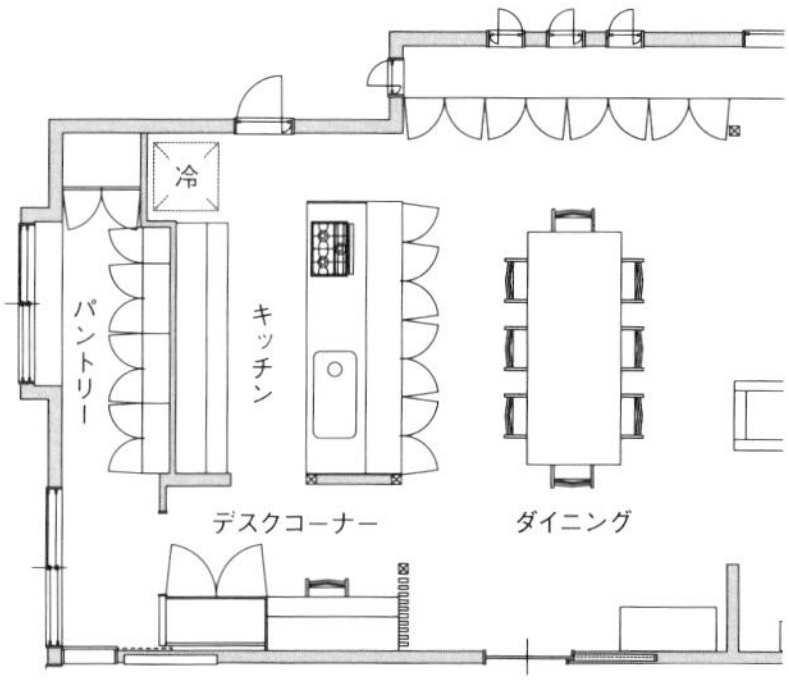

キッチンの向きを変えて、オープン型に。ダイニングにはたっぷりのカウンター収納を設けた。

COLUMN

ペンダントライトの設置について

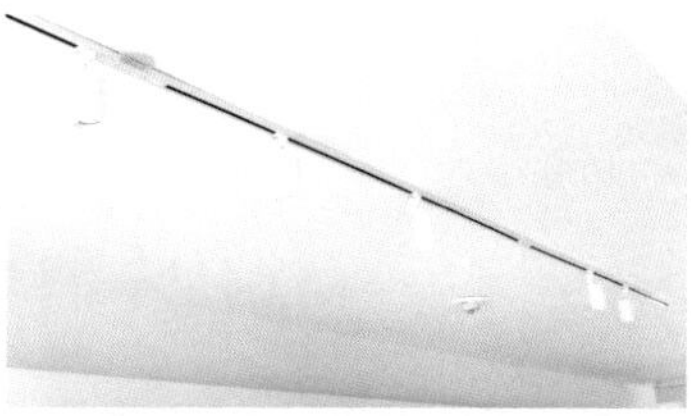

複数灯なら、テーブルの長手に平行になるように設置する。ダクトレールを設置しておくと、模様替えの際の、ダイニングテーブルの位置変えにも対応できる。

食卓とキッチンの間に**お茶コーナー**があると便利

家でゆっくりお茶を飲む時間があるというのも、シニア世代ならではの楽しみです。ダイニングやキッチンの空間に余裕がある場合は、「お茶コーナー」を設けるのもよい方法です。お茶コーナーにはお茶道具やカップ・湯飲みなどを収納できるカウンターをつくり、カウンターの上でお茶が淹れられるようにします。湯沸かしポットなどもここに置いておければ、来客にお茶を出すときにも、いちいちキッチンに引っ込まなくていいので、快適です。

(上) 妻の作業デスク (手前) の隣にあるお茶コーナー。来客が多い家なので便利。(下) キッチンからダイニングへの動線の途中にある。(岡崎邸)

(右) カウンターの中にお茶類や食器が収納してあり、カウンターの上でお茶を淹れられる。(上) キッチンとダイニングの間にある。(小宮邸)

生活感を出さない

(右)クローゼットのそばにある洗濯物干し場。ルーバーの裏に設置している。(上)干してある洗濯物は、リビング側から見えない。(吉井邸)

洗濯物を干す場所に気を配る

素敵な住まいなのに、生活感が見えてがっかり……ということがあります。その代表的なものが、バルコニーに干してある洗濯物です。タオルなどには乾燥機を使うのもおすすめですが、外に干したい場合は、リビングやダイニングから見えない工夫をします。板塀を立てて、裏に洗濯ポールを設置するという方法です。板塀には隙間を空けて、視線は通さずに風を通します。

COLUMN

見せたくないものはブラインドゾーンに

電気のスイッチや給湯器の操作パネルなどは、できるだけ目に入りにくい位置(ブラインド・ゾーン)にまとめて配置。

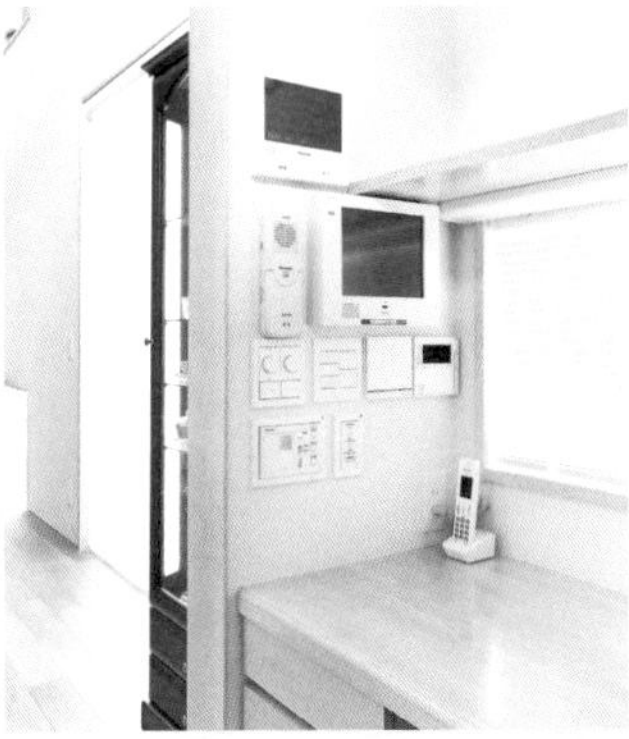

パウダールームがあれば洗面所に通さずにすむ

洗面室は、家族のプライベートな物がたくさん集まっている、生活感あふれる場所です。来客を通すのがためらわれるという場合もあるでしょう。そこでおすすめしているのが、トイレに手洗いカウンターを設けて、「パウダールーム」にするプランです。トイレが2カ所つくれる場合は、パウダールームは玄関近くに設けます。感染症が気になる季節には、家に入る前に手を洗うことができるので便利です。

トイレに手洗いカウンターと鏡を設置して、パウダールームに。

宮内邸

BEFORE

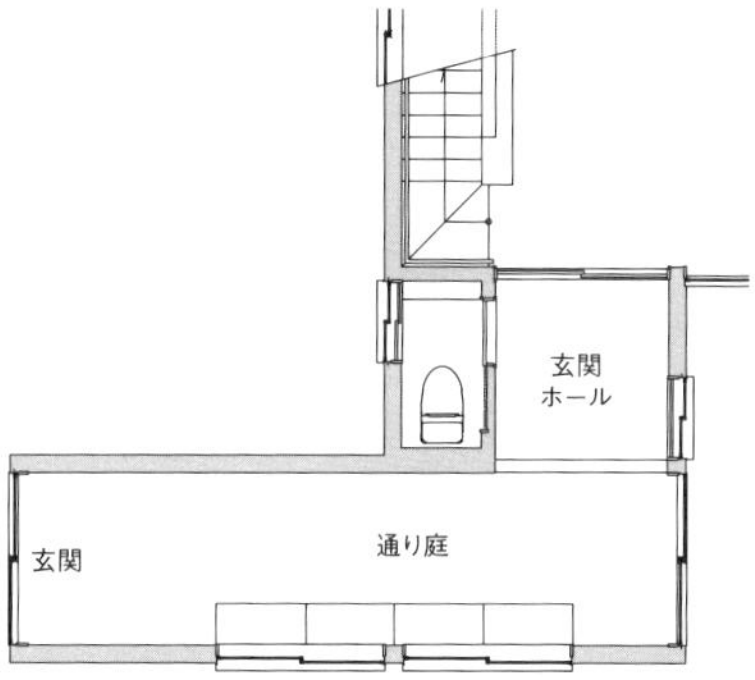

玄関ホール横にトイレがあったが、手洗い場や鏡はついていなかった。

↓

AFTER

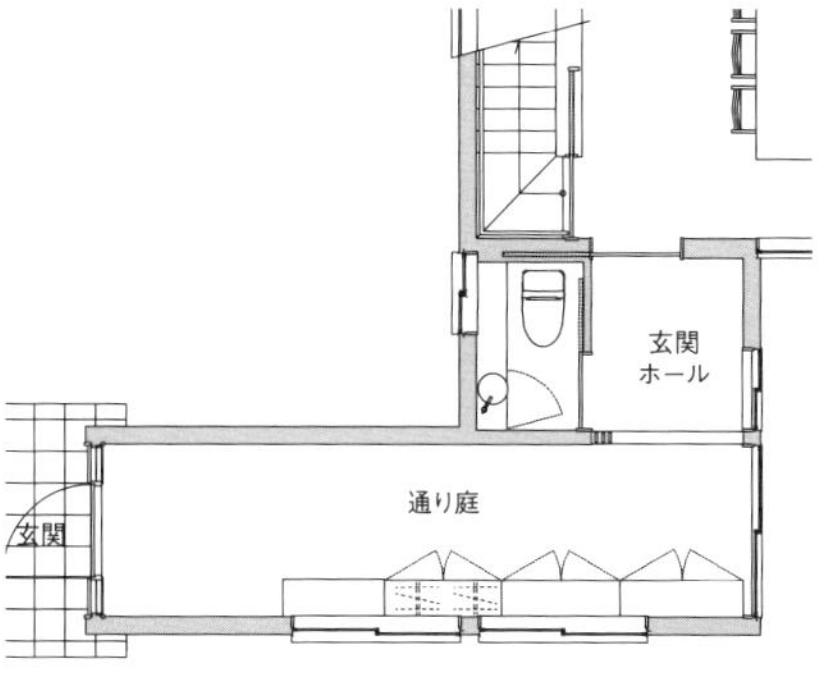

トイレに手洗いカウンターと鏡を設置して、パウダールームに。

客室のつくり方

リビングの脇にある和室。プリーツスクリーンを下げると個室になる。

間仕切りを使って個室に変化させる

リフォームで、あまり使っていない和室をなくすケースが、よくあります。しかしもしスペースに余裕があるなら、小さい和室をつくっておくと便利です。家族や親戚が来たとき、寝室として使ってもらえます。とはいえ、来客がないときに全く機能しない部屋だと、もったいない気がします。そこでよく採用するのが、客室をリビングと隣り合った空間に設けるというプランです。これなら、ふだんはリビングの一部として使えますが、来客があるときだけ間仕切りを使って個室に変化させることができます。

間仕切りには引き戸を使いますが、引き戸を収める場所がない場合は、シェードスクリーンを使うという手もあります。

小竹邸

BEFORE

LDの隣の和室が夫婦の寝室になっていた。来客が泊まれる部屋はなかった。

↓

AFTER

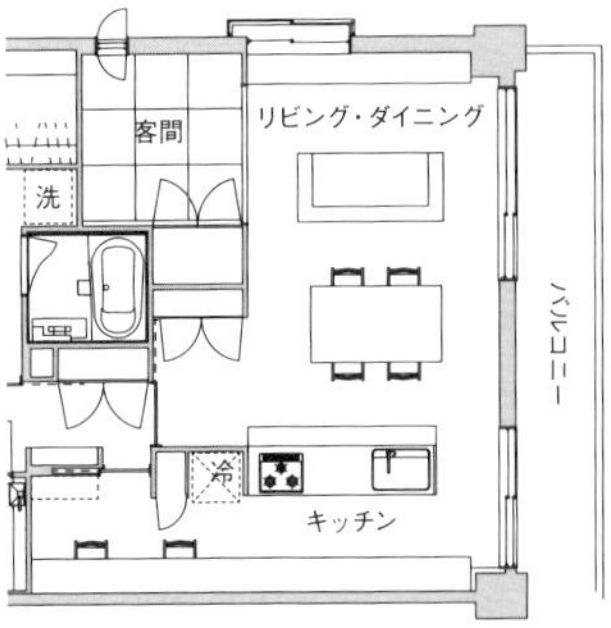

子どもの独立を機に、夫婦の寝室を北側に移し、広いLDKをつくった。新たに、リビングの隣に客室になる和室を設けた。

（上）間仕切りをすべて開けた状態。書斎としても使える。（下）間仕切りをひとつ閉めた状態。（右）間仕切りをすべて閉めた状態。個室が2つになる。（田辺邸）

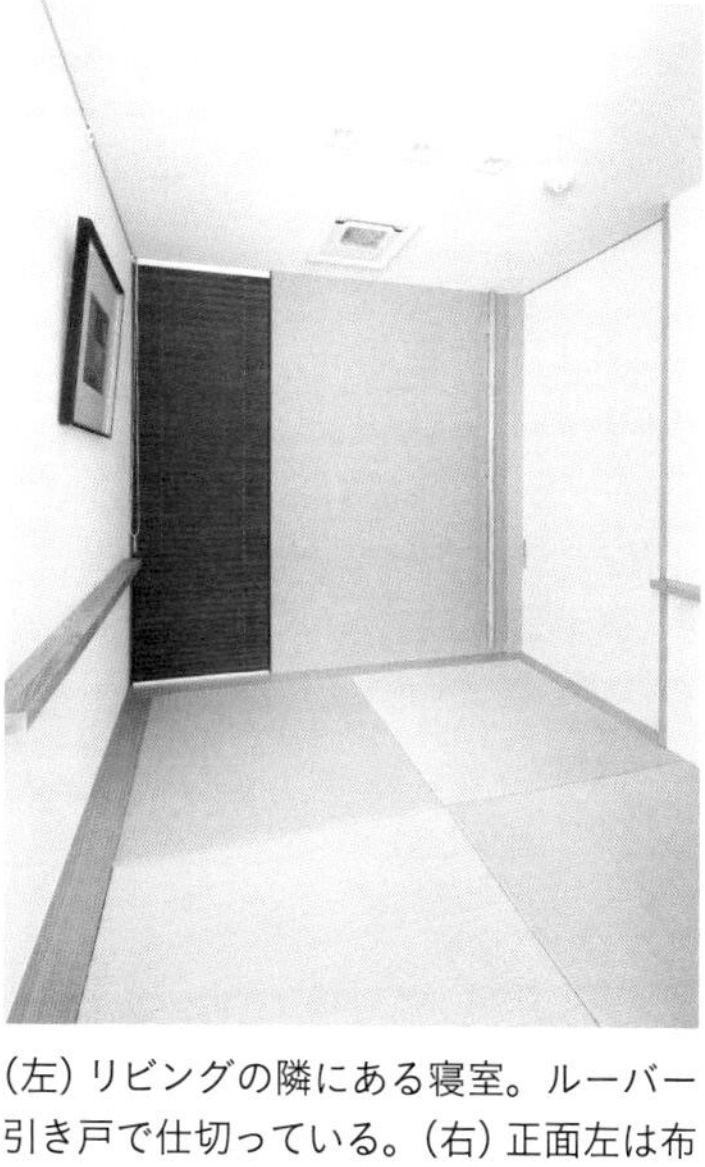

（左）リビングの隣にある寝室。ルーバー引き戸で仕切っている。（右）正面左は布団を収める押し入れ。壁にカウンターがあると物を置けるので便利。（齋藤邸）

一人暮らしのリフォームのポイント

高齢になって、一人暮らしになることもありえます。
一人でも暮らしやすい間取りを考えてみましょう。

[COLUMN]

快適に暮らすための間取りを考える

シニアの一人暮らしは、生活動線や家事動線が長くなりすぎると暮らしづらくなります。家が広い場合は、ふだんの生活に使うスペースをコンパクトにまとめて、動線を短くする工夫をします。とくに寝室と洗面所、トイレは近くにあると安心です。「今は二人暮らしだが、いずれどちらか一人になってからも、暮らしやすいような家にしておきたい」という方もいます。それもひとつの考え方だと思います。家が快適だと、気持ちが明るくなるものです。

（瀧本邸）

01

食卓からの眺めのよさにこだわる

健康でいるためには、食事の時間を大切にしたい。明るいダイニングで、壁ではなく庭を眺めながら食事ができれば、一人の食事も豊かな時間になるはず。マンションでも、バルコニーや部屋の隅に観葉植物を置くだけで、なごむ空間に。

大きな窓のあるダイニング。座って庭を眺められるようにテーブルと椅子を設置した。（立原邸）

02 小さい家なら区切らずワンルームのように使う

コンパクトな住まいは、一人暮らしにとって暮らしやすいもの。ただし細かく部屋を区切ると、ひとつ一つの部屋が狭くなり、光も通りにくくなりがち。リフォームで部屋の壁を取り払い、広々としたワンルームのように使うと、快適になる。部屋と部屋の間は、家具やルーバーなどでゆるく仕切る。

LDKと寝室の間を、ソファと低い家具で仕切っている。来客時は、壁に引き込まれている4枚引き戸で仕切ることが可能。（瀧本邸）

ベッドが見えないように、LDと寝室の間をルーバーで仕切っている。（岩沢邸）

[COLUMN]

03 大きい家なら寝室を広く伸び伸びと

大きな家の場合は、寝室の場所を見直してみるとよい。リフォームを機に、布団からベッドに変えるのもおすすめ。窓のある明るい部屋を寝室にすれば快適だし、ベッドの周りにスペースがあると、将来介護が必要になった場合も安心できる。ベッドのそばに低めの家具かカウンターがあると、スマホや眼鏡などちょっとした物が置けて便利。

広い部屋の真ん中にベッドを設置。障子を開けると、ベッドから庭の緑がよく見える。（立原邸）

窓が2カ所にあり、明るく広々とした部屋を一人の寝室に。（青木邸）

Renovation_10

リフォームの問題を解決する

リフォームは、構造によってできることとできないことがあります。とくにマンションは一戸建てに比べると、間取りの自由度が制限されてしまいます。撤去できない柱や壁があったり、水回りの移動ができなかったり。しかしテクニックによって解決できることもあるので、あきらめずに相談してみましょう。一戸建ての場合は、老朽化の程度によってはリフォームが割高になってしまうこともあります。

（岡田邸）

（瀧本邸）

狭い

視覚的な効果を生かす

リフォームで間取りを変更することはできても、面積を広げることはできません。しかし、視覚的に狭さを感じさせないようにする方法はあります。なかでも効果的なのは、部屋の奥の方まで見通すことができるように間取りを工夫することです。

壁・柱が取れない

存在感を消す工夫をする

複数の小さい部屋を、ひとつの大きな部屋に変更しようと思うときに邪魔になるのが、取れない壁や柱の存在。壁は、扉やシェードを利用して目立たせないような工夫をしたり、柱は、収納に生かすなどの方法があります。垂れ壁はできれば取り払い、建具を天井までの高さにすると広く見えます。

（島田邸）

（田辺邸）

設備を隠したい

天井や壁に埋め込む

エアコンや換気口、排気ダクト、配管など、古い家ならではの設備や無機質なものが目につく場所にあると、家全体の印象が悪くなってしまいます。リフォームで、天井や壁、収納に埋め込んだり、収納でカバーするなど、目立たせない工夫をすることができます。

狭い

キッチンとダイニングを **コンパクトにまとめる**

キッチンは、ダイニングに向かうオープン型だと、背面に収納を設けることができるので便利です。しかしもし部屋が狭くて、ダイニングのスペースが広くとれないようなら、キッチンを壁に向かわせて、ダイニングと一体型にするというのもおすすめの解決方法です。この場合、キッチンに背面収納を設けることができないので、吊戸棚を有効に活用したり、ダイニングの収納を充実させることが大切になります。一方ではキッチンからダイニングへの動線が短くなるというメリットもあります。

瀧本邸

BEFORE

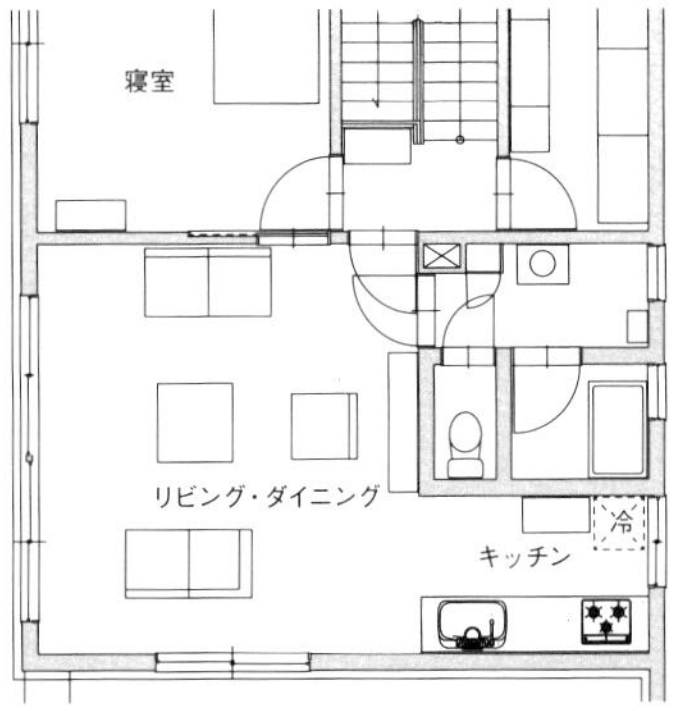

北側にあり、薄暗いキッチン。ダイニング兼リビングで食事をしていた。

↓

AFTER

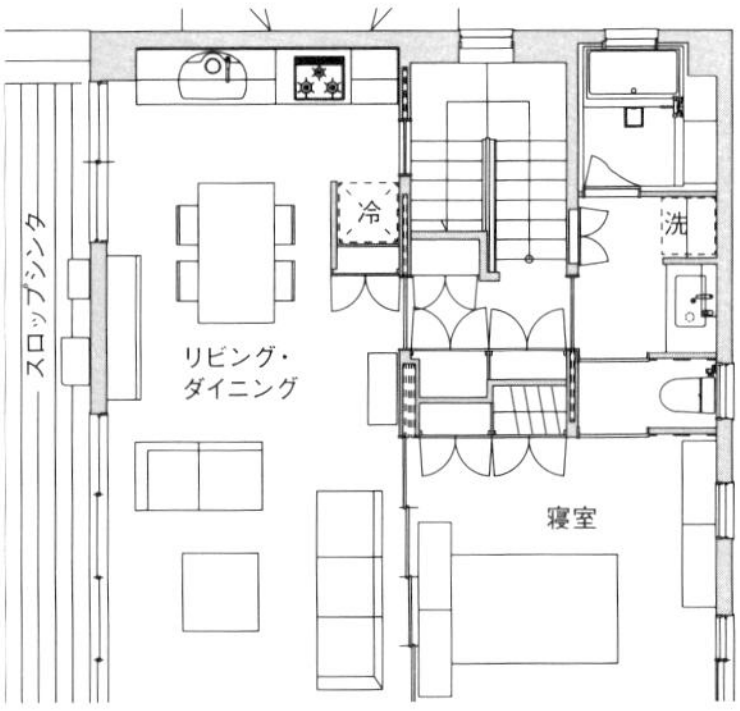

キッチンを明るい場所に移動し、ダイニングと合体。壁に向かわせることで、スペースを節約した。

キッチンとダイニングを一体化させ、コンパクトなスペースにまとめた。

視覚的効果を生かし **抜け感を出す**

部屋に入ったとき、部屋の奥のほうまで見通すことができると、奥行きが出て広く感じられます。とくに開放感を出したいリビング・ダイニングは、視線の先が壁や背の高い家具などにぶつからないように工夫します。可能なら奥の部屋まで視界が抜けるようにしておくと、広く見せることができます。その場合は扉を開き度ではなく引き戸などにして、引き込んだ状態にできるようにします。

プリーツスクリーンを上げると、リビング側から和室の奥まで見通せる。(塚原邸)

トイレと洗面所を **ひとつの空間にまとめる**

カウンターを洗面所からトイレまでつなげ、トイレと洗面所の間にも収納を設けた。(西野邸)

狭いスペースを有効に使うためには、トイレと洗面所を同じ空間にまとめるという方法もあります。家族が多い場合には向きませんが、一人暮らしまたは二人暮らしまでなら、それほど問題なく使えます。スペースがなくても、洗面所には収納をできるだけ多くつくりたいので、トイレの上まで吊戸棚を広げたり、洗面所の下をオープンにせず、収納を設けるという方法をとることもあります。

壁・柱が取れない

邪魔な壁や垂れ壁は**存在感を消す**工夫をする

建具の上の垂れ壁は、取り除くことができれば、空間を広く見せることができます。しかし外壁についているサッシを取り換えるのは、大掛かりになってしまいます。そんなとき、シェードを天井から垂らして隠すことで、垂れ壁の存在感を消すことができます。また、中途半端な壁は、収納の戸を少し手前に出して、閉めれば壁が見えなくなるようにしてスッキリさせるという方法があります。

シェードを、窓の部分だけではなく天井から垂らして、垂れ壁を隠している。（沼尻邸）

→

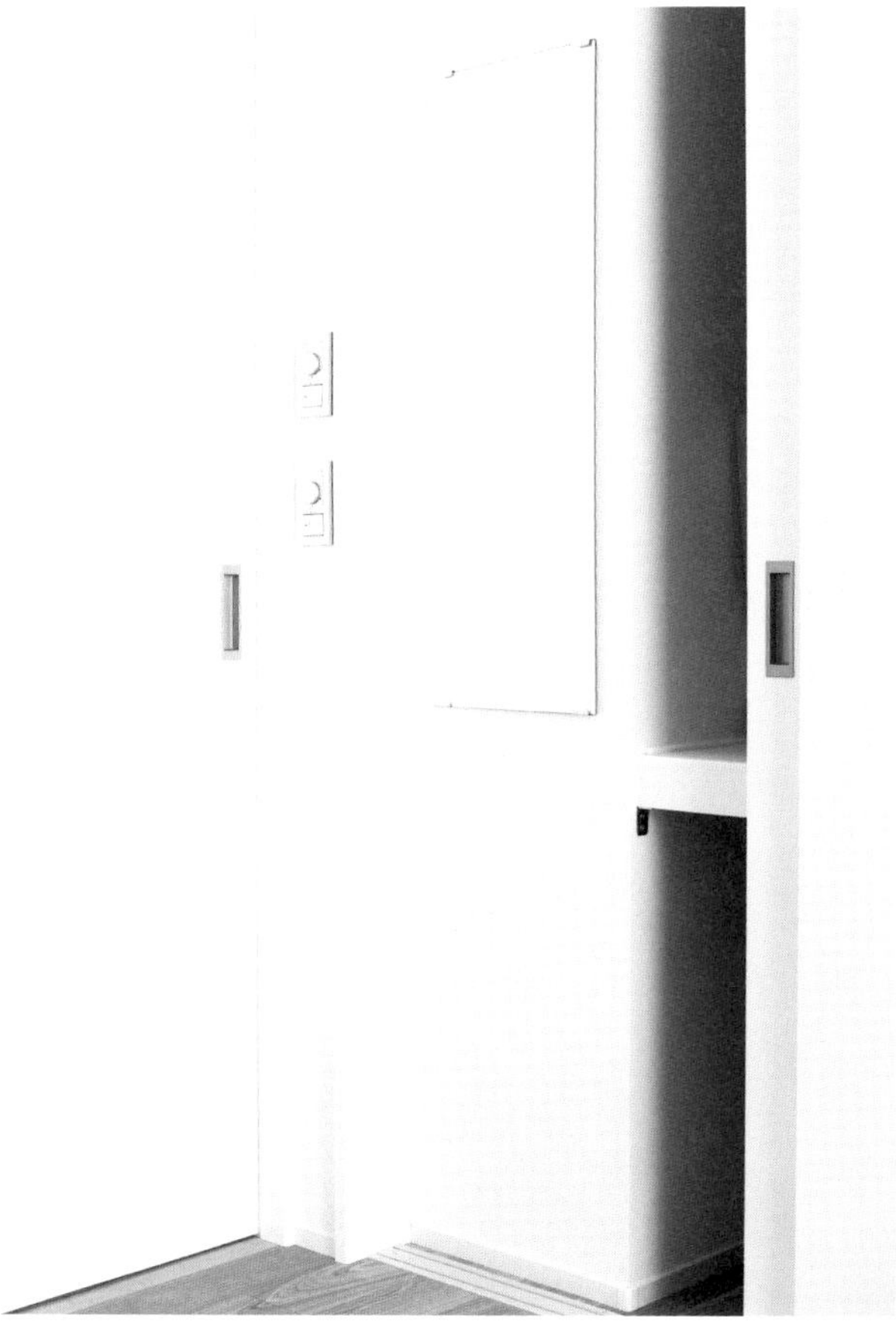

（上）取れない壁の手前に押し入れの扉を設置。扉を閉めると壁も見えなくなる。（右）扉を開けたところ。壁には鏡を設けて、機能的に。（岡田邸）

取れない柱を利用して収納をつくる

リフォームでときどき問題になるのが、どうしても外せない柱の存在。そんな柱は、収納の一部として生かすのもひとつのアイデアです。収納の扉は壁や天井と色を同じにして、取っ手などをつけず天井までの高さにすることで、壁と一体化して目立たなくなります。そのほか、もう1本柱を立てて飾り棚にしたり、ルーバーの一部にする方法もあります。

岡田邸

BEFORE

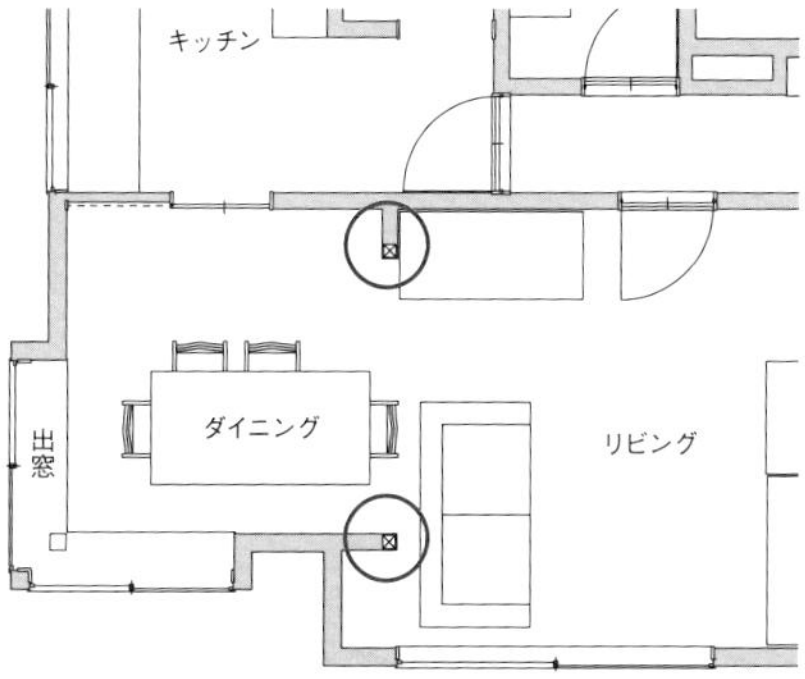

ダイニングとリビングの間の両側に、取れない柱が2本あった。

↓

AFTER

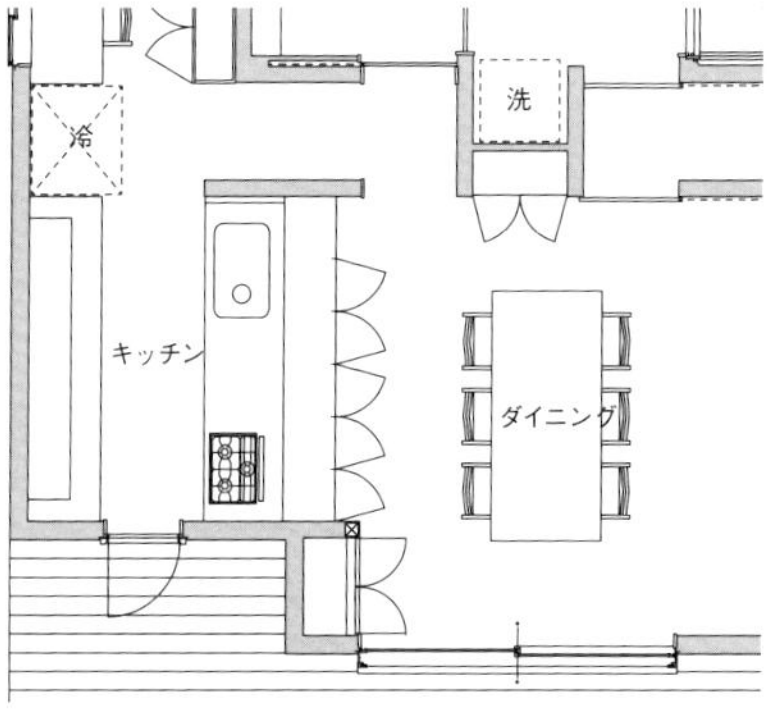

柱を利用して、収納を設けた。物の多いダイニングで重宝している。

取れない柱を利用して、ダイニングの収納を設けた。壁と同じ色にして周りに溶け込ませている。

取れない柱を利用して、ダイニング用のテレビ台を設けた。

設備を隠したい

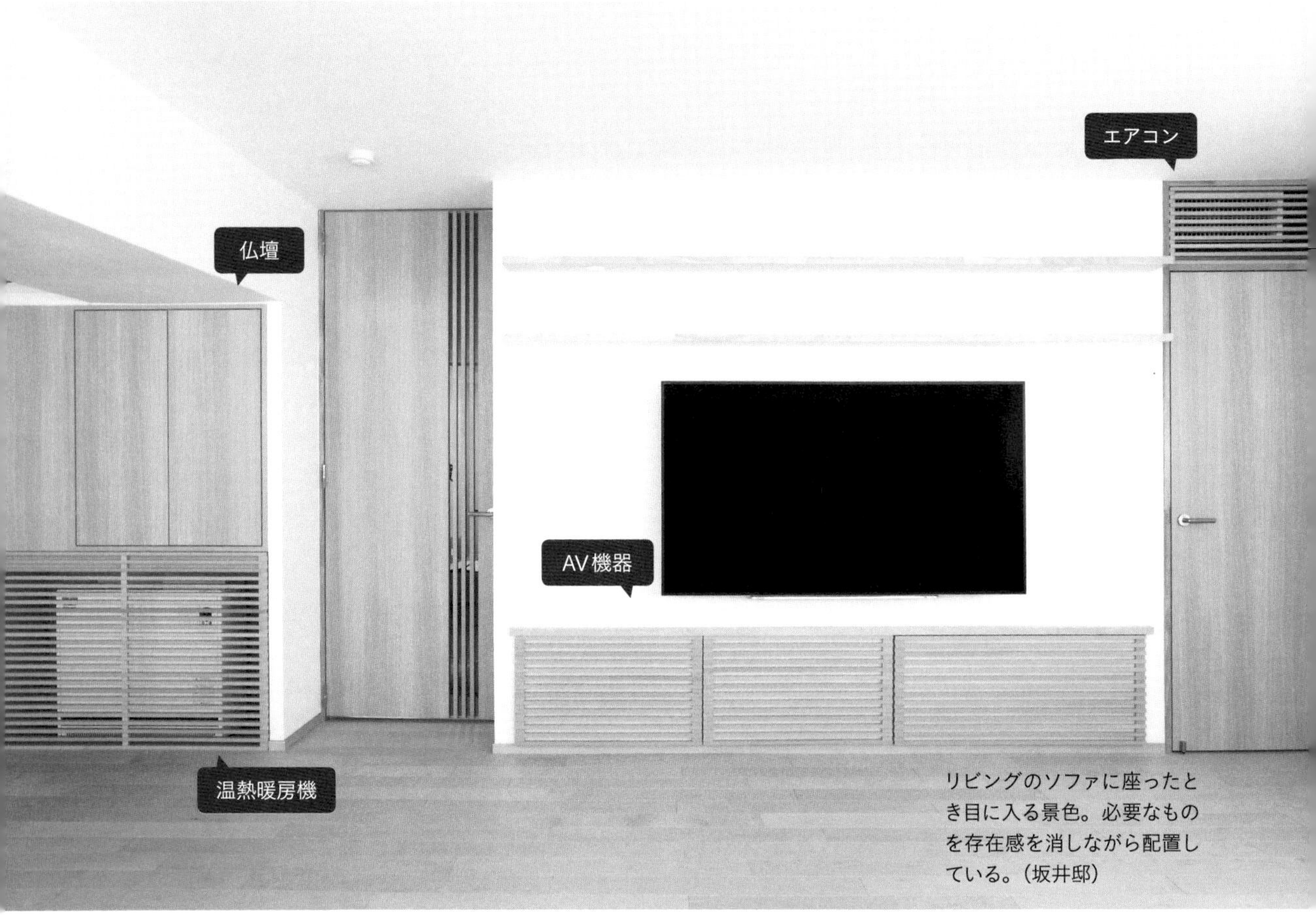

リビングのソファに座ったとき目に入る景色。必要なものを存在感を消しながら配置している。（坂井邸）

見せたくないものを周りに溶け込ませる

リフォームをするときには、古い設備や無機質な器具などを隠すこともぜひ考えてみてください。エアコンや蓄熱暖房機、テレビの周りのＡＶ機器は配線などが目に入らないように工夫します。エアコンや暖房機はルーバーを使うことで、冷気や暖気を通しながら隠すことができます。見せたくないものを上手に隠すことは、素敵なインテリアを飾るよりも、家を美しく見せる効果があります。

垂れ壁の中にダクトを通して、ダイニング側にエアコンの吹き出し口を設けた。（坂井邸）

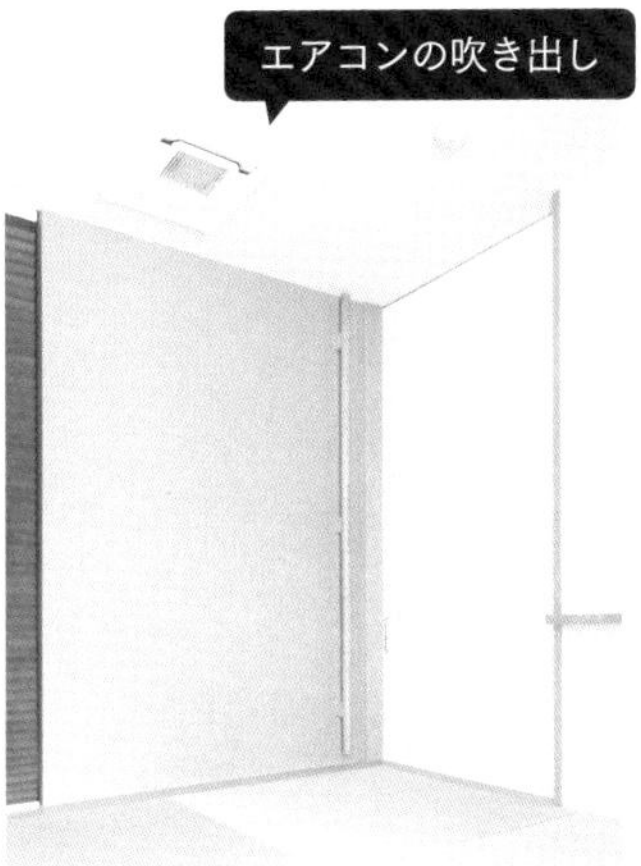

(上) 客間の天井にあるエアコンの吹き出し口。リビング天井のエアコンと親子になって、ダクトでつながっている。(右) エアコンの配管を露出させないため、壁が斜めになっている部分に埋め込んでいる。(小竹邸)

ダイニングの壁にしつらえた本棚。エアコンスリーブや吸気口があるのも目立たない。(齋藤邸)

マンションの設備であるインターホンを、壁の中に。いつもはふたを閉めて隠している。(粟津邸)

古い家の思い出をリフォームで残す

古い家の一部を残し、生かすことで、趣のあるインテリアになることがあります。
家族にとって大切な家の思い出も、残すことができます。

趣がある建具や欄間をインテリアのポイントに

長く住んでいた家には、誰しも思い入れがあるものです。すべてを新しくしてしまうことに、抵抗がある人もいるでしょう。リフォームで、古い家の一部をアレンジしながら残すという方法があります。たとえば昔ながらの欄間《らんま》や障子などの建具には、新しい住宅にはない独特の魅力があり、インテリアのポイントになります。使う際には色を塗り替えるなどして、壁や床と調和させる工夫をします。

古い家で使っていたステンドグラス、和家具、欄間を活用して、印象的な玄関に。(向山邸)

01 建具を再利用する

引き戸や障子、ふすまなどを塗り替えてそのまま利用するのも手。畳の部屋をフローリングに変えた場合も、カーテンでなくあえて障子を使うことで、和モダン的な魅力が生まれる。コストを抑えることにもつながる。

窓の障子枠と桟を黒く塗り替えて、夫の書斎のテレビ台と調和させた。(吉井邸)

02 欄間を再利用する

欄間とは、天井と鴨居との間に設けられた開口部のこと。格子や組子、透かし彫りなど、デザイン性の高いものが多いので、建具に組み込むなどアレンジして生かすのもおすすめ。光を透過させ、風を通すなど機能的な面もある。

リビングの入り口に置いた仏壇をさりげなく隠すついたてに、欄間を組み込んだ。(立原邸)

シニアリフォームで失敗しないためのQ&A

Q1

シニアリフォームをする前に考えておくべきことは？

10年、20年先の暮らしをイメージしてみましょう

100歳まで生きることも珍しくない時代です。まずは、「いつまでこの家で暮らすのか？」を考えてみましょう。「階段を昇り降りできなくなったら施設に移ろう」という人もいるでしょうし、「寝たきりになってもここに住み続けたい」という人もいるでしょう。リフォームをきっかけに、夫婦で老後についての話し合いをしておくのはとてもいいことです。

そのうえで、70代、80代、90代になったとき、そしてパートナーに先立たれて一人になったとき、要介護になったときなど、残りの人生の過ごし方をイメージしてみます。たとえば、「今は2階の寝室で寝ているけれど、将来は1階に寝室を移そうか」「寝室のそばにトイレがある方がいい」「洗面台は椅子に座って使えるようにしたい」など、具体的なプランが浮かんでくるでしょう。

まだ元気なのに家じゅうに手すりをつけるなど、やりすぎる必要はないと思います。とはいえ、将来手すりをつけられるように下地を入れておくなどの準備をしておくと、安心です。

そのほかに左のようなことも考えておくと、プランをつくるときにスムーズです。

リフォーム前に考えておきたいこと

少し先のこともイメージしながら、ノートに書き出したり、夫婦で話し合ってみましょう。

〈 一日の時間の過ごし方 〉

リフォーム後は、どんなふうに毎日を過ごしますか？　庭仕事をしながらのんびり過ごしたい、できるだけ外に出てアクティブに過ごしたい、客を招いてにぎやかに過ごしたいなど、ひとり一人違うはず。

〈 夫婦の関係 〉

夫婦の関係も様々です。いつも一緒に行動するのが自然な夫婦なのか、あるいは賢くすれ違いながら過ごすことでうまくいく夫婦なのか。自分たちのスタイルを確認しておくのは、意義のあることです。

〈 子どもたちとの関係 〉

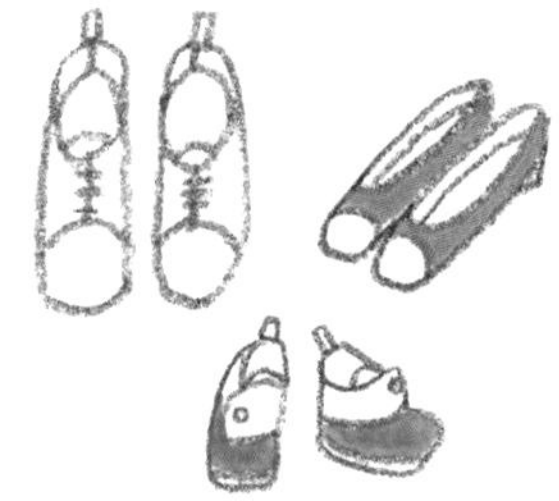

子どもや孫たちが頻繁に訪れる家なのか、年に1、2回程度なのかによっても、プランは少し変わってきます。会食するのは外が多いなら、大きなテーブルはいらないし、めったに泊まらないなら客室や多くの布団は不要かも。

〈 両親の老後について 〉

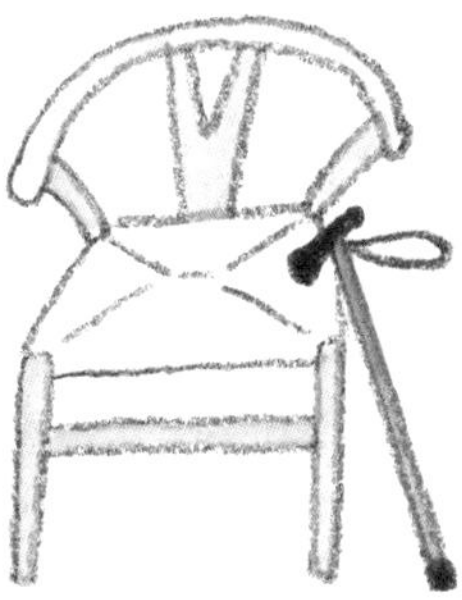

親が一人で暮らせないようになったり、要介護になったときにどうするのかについても、夫婦でのすり合わせが必要。たとえば老親のための寝室を広めに設けておき、いずれは自分たちの寝室にするというプランもあります。

Q2

見学会やオープンハウスで見ておきたい、確認しておきたいことは？

ただ見るだけでなく、設備の使い勝手を試したり、積極的に質問を

リフォーム会社や工務店が主催する、見学会やオープンハウス（実際にリフォームした住まいを見学できるイベント）に参加するのはとても有意義なことです。実際に人が住んでいる空間を体験できるのは貴重なことですし、リフォーム前の写真と比較しながらの説明は参考になります。リフォーム後の生活を、より具体的にイメージできるようになるでしょう。多少遠方であっても、思い切って出かけてみることをおすすめします。

何よりいいのは、住んでいる方の生の声を聞けることです。間取りや水周りの使い勝手について聞いたり、よかった点だけでなく失敗したと思っている点についても、ぜひ積極的に質問しましょう。

ただ見るだけでなく、設備の操作の方法を聞いたり、許されるなら実際の操作を体験させていただくことをおすすめします。たとえばシェードの開閉や水栓レバーの使い心地など、デザインだけでなく操作のしやすさで選ぶことができます。

真似したいインテリアの工夫があれば、許可をとったうえで写真を撮らせてもらい、参考にするのもいい方法です。

Q3

リフォームを機に断捨離したいのですが、なかなか踏ん切りがつきません。

元気に動ける今のうちにやっておかないと後悔することに

「リフォームで、収納を増やしたい」というご要望は多いものです。収納を充実させることで、あふれていた物を片づけることができますが、いっぽうで物をため込む原因にもなります。断捨離はエネルギーがいることですから、齢を重ねるとどんどん負担になります。ぜひリフォームを機に、思い切って物を整理することを考えましょう。

物を大切にする世代の人にとっては「まだ使えるのに捨てるのはもったいない」という気持ちがブレーキになりがちです。でも、「リフォーム後の理想の暮らしにそれは必要か」「自分がいなくなったときにそれを引き取る人はいるか」を考えると、おのずと答えは出てくるはず。物が少なくなれば、管理する手間が少なくなりますし、精神的な負担が減り、身軽に暮らすことができます。収納スペースを減らせれば、居室を広くすることもできます。

実際にリフォームを機に断捨離を実践したお客様からは、「きつかったけれど、あのときやっておいてよかった」という声が多く聞かれます。

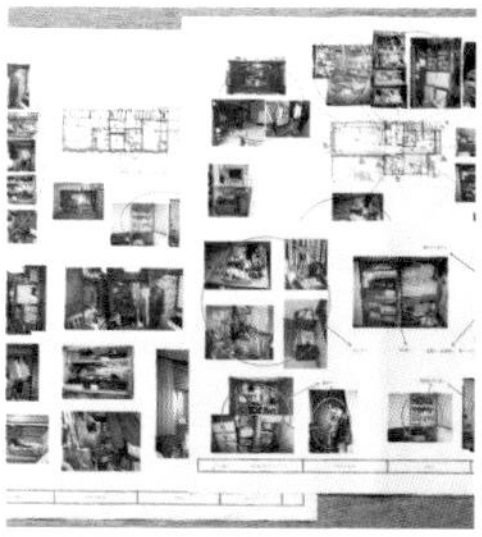

リフォーム前には家じゅうの写真を撮って、どこに何を収納するか計画を立てる。物の多さを自覚してもらうために大切な作業。

Q4

リフォームの依頼先は、どんなポイントで選べばいい？

暮らしに寄り添ってくれる、相性のいい建築家を探して

リフォームで理想のプランを実現するためには、相性のいいパートナーを選ぶことが大切です。もし設備交換などがおもな目的ならば、地元の工務店に頼む手もありますが、間取り変更も視野に入れているのなら、設計事務所や、打ち合わせをしてくれる設計者のいるリフォーム会社、住宅メーカーに依頼するのがおすすめです。

建築家やリフォーム会社がこれまでに手掛けた物件の例をホームページや本、雑誌で見て、いいなと思ったら面談を申し込んでみましょう。最近ではオンラインでの打ち合わせも一般的になっているので、遠方でも引き受けてもらえる可能性は大です。

自分のプランを一方的に押しつけてくるような設計者はよくありませんが、逆に、お客さんの言いなりになってしまう人も要注意です。話をよく聞いたうえで、プロの視点からの指摘やアドバイスをしてくれるのがいい設計者です。リフォームでは、始めてみると図面通りにいかないところも出てきます。そんなときに臨機応変な提案ができるかどうかも重要。多くの物件をこなしている人だと安心です。

図面だけではイメージできないことも多いので、パースや絵にしてもらえるとわかりやすくなります。自分の希望に耳を傾けてくれて、暮らしに寄り添ってくれる設計者（担当者）を探しましょう。

[リフォームの依頼先]

目的や重視したいことによって依頼先は異なります。
相性のいい依頼先を見つけるのが、リフォーム成功のカギです。

設計事務所（建築家）

施主の意見をじっくり聞いて、ライフスタイルに合ったプランの提案をしてくれる。オリジナリティがあり、こちらの思いつかない提案をしてくれることも。施工会社との間に立って、見積もりが適正かどうか、図面通りに工事が進んでいるかなどのチェックをしてもらえるのも大きなメリット。

住宅メーカーのリフォーム部門

システム化された対応や進行が特徴。アフターサービスなども充実している。建築士の資格を持つプランナーが相談に乗ってくれるが、相性のよい人を探せるかどうかがカギ。特殊な工法の家の場合は、元々のメーカーのリフォーム対応部署に頼んだ方が、スムーズにいく場合が多い。

リフォーム会社

会社により、規模や得意分野はさまざま。自社に建築士を抱えているところもあれば、外部の設計事務所と提携しているところもある。不動産部門を持ち、リフォームに適した中古物件を探すところからサポートしてくれる会社も増えている。

工務店

地域密着型なので小回りが利き、コミュニケーションがとりやすいのが利点。外部の建築家と提携しているところもある。低予算や小規模のリフォームも頼みやすく、リフォーム後の修繕なども気軽に頼むことができる。

Q5

建築家にうまく希望を伝えるにはどうすればいい？

自分の好きなこと、習慣などささいなことも伝えて

キッチンにどんな設備が欲しいか、どこにどんな収納が欲しいか、などの話の前に、まずは「リフォームをするに至った経緯」を話すのは大事なことです。住まいに関する悩みについても、正直に話しましょう。そのうえで、夫婦それぞれが生活の中で大切にしたいこと、理想の暮らしなどをじっくり話して、理解してもらうことが大切。逆に言えば、会話の中からそれらを引き出してくれるのがいい建築家です。

たとえば「寝室は2階にしたい」といきなりお願いするのではなく、どうしてそうしたいのかを伝えることのほうが大切です。その理由によって、自分が思いつかなかったプランを提案してもらえるかもしれません。

プランに直接関係ないと思われるような、自分の好きなこと、苦手なこと、毎日の習慣など何でも話してみましょう。話せば話すほど理解してもらいやすくなります。「とるにたりない」と思うことが、意外にプランに反映されることもあります。そういう意味でも、なんでも話せる雰囲気のある建築家を選ぶことは大切です。

Q6

センスに自信がなくて、床や壁紙の色を選べないのですが。

本やネットで好きなテイストを探して、近づけていく

「どんな家にしたいかわからない」という人は、珍しくありません。若いころには可愛い感じが好きだったけれど、今の自分にどんなテイストが合うのかよくわからないという人もいます。そんな人でも、インテリアの本や雑誌を見たり、ネットで美しい家の写真を見ていくうちに、だんだん自分の好きなテイストがわかってくるはずです。インスタグラムで好きな感じの写真を見つけたら、フォローするとよいでしょう。

好きなテイストの写真や、気になるインテリアの写真などがあったら、切りぬいたりプリントアウトしてスクラップするのもいい方法。口で説明するよりも、それを見せる方が伝わりやすいはずです。

お願いしている建築家の過去の作品に、自分の好みのものがあれば、それに近づけてほしいとお願いするのもいいと思います。「この家具に合うようなものを選んでください」とお願いしたり、最低限「シンプルにしたい」などの要望を伝えたうえで、「お任せします」と言ってもいいと思います。

自分の好きなインテリアが多く掲載されている本を入手して、毎日ページを開くこと。次第に「インテリアの目」が養われる。

Q7 マンションのリフォームにはどんな制約がある？

水周りの移動ができない場合があるので注意を

一軒家に比べてマンションの場合は、建物の構造によって大きな間取りの変更ができない場合もあります。まずは工法を確認しましょう。マンションの管理規約を読んでおくことも大切です。

中高層マンションに多い「ラーメン構造」の場合は、室内の壁が移動しやすいので、間取りの自由度が高くなります。いっぽう、低層マンションに多い「壁式構造」の場合は、壁を撤去できないケースも多くなります。

もうひとつのポイントは、床の構造です。古いマンションでは、「二重床」ではなく「直床」になっている場合があります。二重床だと床下の空間に配管を通すので、キッチンや浴室といった水周りの移動がしやすいのですが、直床だと、制約ができます。

窓の構造も確認が必要です。マンションには、規約でサッシを交換できない場合が多いので、寒さ対策のためには室内側にもう1つサッシをつけることになりますが、ハンドルなどの操作部が出っ張っている窓を、二重窓に変更するには、枠を深くするなどの工夫が必要です。

もし中古マンションを買ってリフォームする場合には、購入前に建築家に相談できるのが理想です。相談次第では、一緒に物件を見学してアドバイスをもらうこともできるので、早めにコンタクトをとってみましょう。

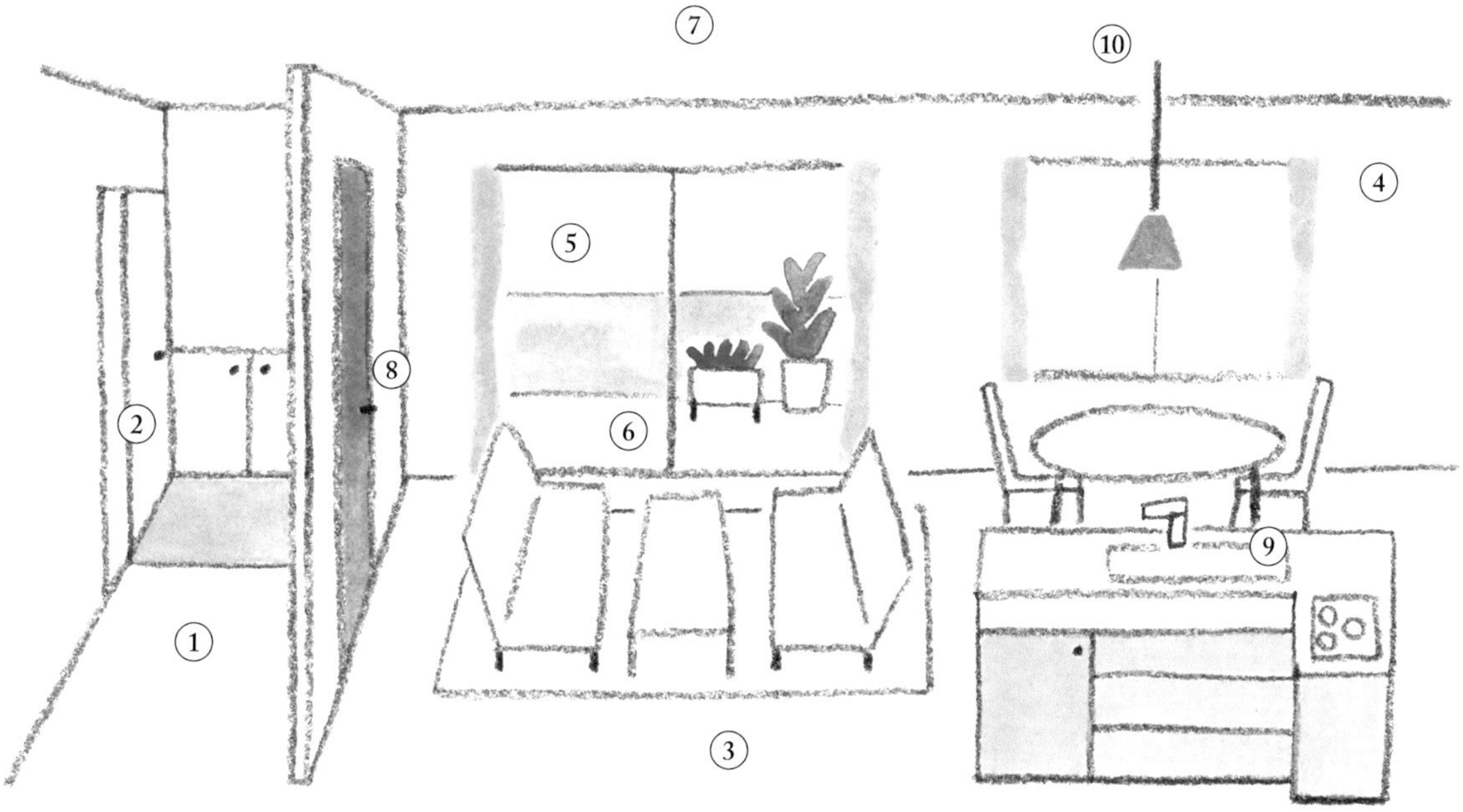

① **玄関・ホール・廊下**
玄関扉から内側の床や壁、造作などは変更できる。玄関の外の部分について変更はできない。

② **玄関扉**
玄関扉は交換できないが、内側の塗装やシートの張り替えはできる。

③ **床**
管理規約によって遮音性能が求められ、材料や工法が制限される場合がある。

④ **壁**
撤去したり、移動したりできる壁とできない壁がある。外に面した壁に断熱材を入れ直すことはできる。

⑤ **窓**
サッシの交換はできないが、内窓をつけて二重サッシにできる。

⑥ **バルコニー**
フェンスや手すりの変更や、緊急時の避難の妨げになるものの設置はできない。

⑦ **天井**
塗り替えや、天井板やクロスの張り替えは可能。断熱材や防音材を挟み込むこともできる。

⑧ **ドア・建具**
自由に交換ができる。

⑨ **給排水設備**
排水勾配が充分とれる範囲なら、排水管の移動ができるので、キッチン、浴室、トイレの移動ができる。

⑩ **電気配線**
コンセントや照明器具の位置を移動したり、契約アンペア内で増やすことは可能。

掲載物件データ一覧
（五十音順）

※リフォームの参考になるものをという条件で掲載写真を選びましたので、新築物件も含まれています。

新井邸（新築）
所在地：埼玉県富士見市
敷地面積：135.85㎡（約41坪）
延床面積：105.88㎡（約32坪）
構造規模：木造2階建
家族構成：夫婦＋子ども2人

青木邸
所在地：東京都杉並区
リフォーム面積：57.96㎡（約18坪）
構造規模：木造2階建
家族構成：夫婦

粟津邸
所在地：東京都中央区
リフォーム面積：164.47㎡（約50坪）
構造規模：RCマンション
家族構成：夫婦＋子ども2人

芦田邸
所在地：東京都練馬区
リフォーム面積：227.27㎡（約69坪）
構造規模：木造2階建
家族構成：夫婦

浦崎邸

所在地：東京都練馬区
リフォーム面積：1期61.43㎡（約19坪）＋
2期42.06㎡（約13坪）
構造規模：木造2階建
家族構成：夫婦＋子ども1人

遠藤邸

所在地：神奈川県川崎市
リフォーム面積：73.33㎡（約22坪）
構造規模：RCマンション
家族構成：夫婦

岡崎邸

所在地：埼玉県さいたま市
リフォーム面積：158.96㎡（約48坪）
構造規模：木造2階建
家族構成：夫婦

飯澤邸

所在地：神奈川県横浜市
リフォーム面積：56.63㎡（約17坪）
構造規模：RCマンション
家族構成：夫婦

井藤邸（新築）

所在地：東京都府中市
敷地面積：21.19㎡（約37坪）
延床面積：94.29㎡（約29坪）
構造規模：木造2階建　家族構成：夫婦

岩沢邸

所在地：埼玉県さいたま市
リフォーム面積：54.84㎡（約17坪）
構造規模：RCマンション
家族構成：本人

柏木邸

所在地：東京都大田区
リフォーム面積：101.26㎡（約31坪）
構造規模：RCマンション
家族構成：夫婦＋子ども2人

金子邸

所在地：千葉県船橋市
リフォーム面積：65.5㎡（約20坪）
構造規模：RCマンション
家族構成：夫婦

上林邸

所在地：東京都目黒区
リフォーム面積：144.77㎡（約44坪）
構造規模：RC造2階建
家族構成：夫婦＋子ども世帯

岡田邸

所在地：神奈川県横浜市
リフォーム面積：113.03㎡（約34坪）
構造規模：木造2階建
家族構成：夫婦

押切邸

所在地：千葉県八千代市
リフォーム面積：90.87㎡（約27坪）
構造規模：木造2階建
家族構成：夫婦

小竹邸

所在地：神奈川県小田原市
リフォーム面積：72.64㎡（約22坪）
構造規模：RCマンション
家族構成：夫婦

米崎邸（新築）
所在地：千葉県市川市
敷地面積：188.52㎡（約57坪）
延床面積：110.53㎡（約33坪）
構造規模：木造2階建
家族構成：夫婦

齋藤邸
所在地：東京都新宿区
リフォーム面積：53.85㎡（約16坪）
構造規模：RCマンション
家族構成：夫婦

坂井邸
所在地：東京都港区
リフォーム面積：155.80㎡（約47坪）
構造規模：RCマンション
家族構成：夫婦

小林邸
所在地：埼玉県春日部市
リフォーム面積：87.48㎡（約26坪）
構造規模：木造2階建
家族構成：夫婦

小林邸（新築）
所在地：神奈川県茅ケ崎市
敷地面積：383.19㎡（約116坪）
延床面積：124.54㎡（約38坪）
構造規模：木造平屋建　家族構成：夫婦

小宮邸
所在地：東京都荒川区
リフォーム面積：197.69㎡（約60坪）
構造規模：S造3階建
家族構成：夫婦

瀧本邸

所在地：東京都世田谷区
リフォーム面積：63.41㎡（約19坪）
構造規模：RCマンション
家族構成：本人

立原邸

所在地：埼玉県さいたま市
リフォーム面積：114.01㎡（約34坪）
構造規模：木造2階建
家族構成：姉妹

田辺邸

所在地：神奈川県鎌倉市
リフォーム面積：76.15㎡（約23坪）
構造規模：RCマンション
家族構成：本人

坂本邸（リフォーム2回目）

所在地：千葉県佐倉市
リフォーム面積：1期76.53㎡（約23坪）＋2期65.5㎡（約20坪）
構造規模：木造2階建
家族構成：夫婦

島田邸

所在地：東京都練馬区
リフォーム面積：103.92㎡（約31坪）
構造規模：RC造地下＋木造2階建
家族構成：夫婦

新地邸（新築＋リフォーム）

所在地：神奈川県逗子市
敷地面積：208.35㎡（約63坪）
延床面積：121.31㎡（約37坪）
構造規模：木造2階建　家族構成：夫婦＋子ども1人

西邸

所在地：東京都練馬区
リフォーム面積：52.17㎡（約16坪）
構造規模：木造2階建
家族構成：夫婦

西野邸

所在地：千葉県八千代市
リフォーム面積：68.85㎡（約21坪）
構造規模：RCマンション
家族構成：本人＋母

沼尻邸

所在地：千葉県佐倉市
リフォーム面積：51.42㎡（約16坪）
構造規模：木造2階建
家族構成：夫婦

塚原邸（新築）

所在地：東京都練馬区
敷地面積：223.54㎡（約68坪）
延床面積：82.18㎡（約25坪）
構造規模：木造平屋建
家族構成：本人

中岡邸

所在地：神奈川県川崎市
リフォーム面積：92.27㎡（約28坪）
構造規模：RCマンション
家族構成：本人

中野邸

所在地：神奈川県横浜市
リフォーム面積：102.65㎡（約31坪）
構造規模：RCマンション
家族構成：夫婦＋子ども1人

福地邸（新築）
所在地：東京都練馬区
敷地面積：113.03㎡（約34坪）
延床面積：101.04㎡（約31坪）
構造規模：木造2階建　家族構成：夫婦＋子ども1人

原邸（新築）
所在地：神奈川県川崎市
敷地面積：526.46㎡（約160坪）
延べ床面積：232.74㎡（約70坪）
構造規模：木造2階建
家族構成：夫婦＋子ども3人

福山邸
所在地：東京都杉並区
リフォーム面積：36.12㎡（約11坪）
構造規模：RCマンション
家族構成：夫婦＋子ども1人

日野邸
所在地：東京都目黒区
リフォーム面積：84.43㎡（約26坪）
構造規模：木造2階建
家族構成：夫婦＋子ども1人

藤田邸
所在地：東京都世田谷区
リフォーム面積：64.64㎡（約20坪）
構造規模：RCマンション
家族構成：夫婦

平山邸
所在地：東京都中央区
リフォーム面積：88.88㎡（約27坪）
構造規模：RCマンション
家族構成：夫婦＋子ども2人

向山邸（新築）
所在地：東京都練馬区
敷地面積：145.94㎡（約44坪）
延床面積：110.21㎡（約33坪）
構造規模：木造2階建　家族構成：夫婦＋子ども1人

山本邸
所在地：東京都文京区
リフォーム面積：69.69㎡（約21坪）
構造規模：RCマンション
家族構成：夫婦＋子ども2人

吉井邸
所在地：埼玉県白岡市
リフォーム面積：116.47㎡（約35坪）
構造規模：木造2階建
家族構成：夫婦

船戸邸
所在地：埼玉県さいたま市
リフォーム面積：40.00㎡（約12坪）
構造規模：RCマンション
家族構成：夫婦＋子ども2人

水越邸（新築＋リフォーム）
所在地：東京都練馬区
敷地面積：132.24㎡（約40坪）
延床面積：128.34㎡（約39坪）
構造規模：木造2階建
家族構成：夫婦＋子ども1人

宮内邸
所在地：東京都武蔵野市
リフォーム面積：154.76㎡（約47坪）
構造規模：RC造地下＋木造2階建
家族構成：夫婦＋子ども1人

水越美枝子（みずこしみえこ）

一級建築士。キッチンスペシャリスト。日本女子大学住居学科卒業後、清水建設（株）に入社。商業施設、マンション等の設計に携わる。1998年、一級建築士事務所アトリエサラを、秋元幾美と共同主宰。新築・リフォームの住宅設計からインテリアコーディネイト・収納計画まで、トータルでの住まいづくりを提案している。手がけた物件は270件以上。日本女子大学非常勤講師、NHK文化センター講師。著書『40代からの住まいリセット術―人生が変わる家、3つの法則』（NHK出版・生活人新書）、『いつまでも美しく暮らす住まいのルール』（エクスナレッジ）、『人生が変わるリフォームの教科書』（講談社）ほか多数。

一級建築士事務所　アトリエサラ
［主宰］水越美枝子／秋元幾美
大泉学園事務所　☎03-5933-2734
市谷事務所　☎03-3234-1012
［スタッフ］須田圭子／小林理／橋上久美子／鷹野亜沙美／岩崎智子／井坂明子
［外部スタッフ］
湯下奈津子／山本徳子／飯田恵子（植栽）／光宗彰子（レンダリング）
http://www.a-sala.com

動線と収納がゆとりを生み出す
理想の暮らしをかなえる
50代からのリフォーム

2021年2月15日　第1刷発行
2024年2月5日　第6刷発行

著　者　水越美枝子《みずこしみえこ》
発行者　佐藤 靖
発行所　大和《だいわ》書房
東京都文京区関口1-33-4
電話：03-3203-4511

撮影／永野佳世
（P.49下、P.64上、P.80下左、P.81右中・下、P.96写真はアトリエサラ提供）
デザイン／菅谷真理子（マルサンカク）
構成／臼井美伸（ペンギン企画室）
イラスト／カトウミナエ
図面作成／橋上久美子、岩崎智子（アトリエサラ）

印刷／広済堂ネクスト
製本／ナショナル製本

ISBN 978-4-479-92145-5
乱丁本・落丁本はお取替えいたします。
http://www.daiwashobo.co.jp/